Eduard Norden

**Beiträge zur Geschichte der griechischen Philosophie**

Eduard Norden

**Beiträge zur Geschichte der griechischen Philosophie**

ISBN/EAN: 9783743681385

Hergestellt in Europa, USA, Kanada, Australien, Japan

Cover: Foto ©Thomas Meinert / pixelio.de

Weitere Bücher finden Sie auf **www.hansebooks.com**

# BEITRÄGE

ZUR

# GESCHICHTE DER GRIECHISCHEN PHILOSOPHIE

VON

## EDUARD NORDEN,
DR. PHIL.

---

BESONDERER ABDRUCK AUS DEM NEUNZEHNTEN SUPPLEMENTBANDE DER JAHRBÜCHER FÜR CLASSISCHE PHILOLOGIE.

LEIPZIG,
DRUCK UND VERLAG VON B. G. TEUBNER.
1892.

# Vorwort.

Die nachfolgenden Aufsätze, die größtenteils entstanden sind in Zusammenhang mit meinen Studien über die varronischen Satiren, behandeln einige Kapitel aus dem Gebiet der alten Philosophie. Der zweite: „Zu den Briefen des Heraklit und der Kyniker" führte mich von einer Widerlegung einiger Behauptungen von Jacob Bernays zu einer kurzen Darlegung des innigen Verhältnisses, welches in den ersten Jahrhunderten unserer Zeitrechnung das junge Christentum mit gewissen moralphilosophischen Anschauungen des Heidentums verknüpft; ich habe hierbei selbstverständlich nicht daran gedacht, den unermeßlichen Stoff auch nur mit annähernder Vollständigkeit zu behandeln, sondern mich darauf beschränkt, einige dem vorliegenden Zweck entsprechende Beispiele herauszugreifen. Immer mehr bricht sich die Erkenntnis Bahn, daß ein eingehendes Studium der Kirchenschriftsteller für jeden, der sich mit griechischer Philosophie beschäftigt, unerläßlich ist. Doch ist das Gebiet ein so gewaltiges, daß ich mich auf einen kleinen Kreis habe beschränken müssen. Mit Vorliebe habe ich auch Philo oft herangezogen, einen für Kultur- wie Religionsgeschichte und Philosophie gleich wichtigen Schriftsteller, dem erst in neuerer Zeit die gebührende Beachtung zuteil wird.

Straßburg i. E., April 1892.

Der Verfasser.

# I.
## Über einige Schriften des Antisthenes.

### 1. Περὶ τῶν cοφιcτῶν φυcιογνωμονικόc.

Diese Schrift wird citiert aus dem zweiten Bande des antisthenischen Schriftenkatalogs bei Laertius Diogenes (VI 15). Es ist aus derselben nur ein Fragment erhalten bei Athenaeus XIV 656 F 'Αντιcθένηc δ' ἐν Φυcιογνωμονικῷ "καὶ γὰρ ἐκεῖναι (sc. αἱ καπηλίδεc) τὰ δελφάκια πρὸς βίαν χορτάζουcιν". 
Die bisher über den mutmaſslichen Inhalt der Schrift vorgebrachten Ansichten sind durchaus unbefriedigend. Krische ('Forsch. auf d. Geb. d. alt. Phil.' p. 238) sagt: „Der Φυcιογνωμονικόc verfolgte wohl weniger eine streng cynische Aufgabe, nämlich den Menschen nach seiner Natur im Interesse des cynischen Lebens zu beurteilen, als vielmehr mochte er in Sachen der sokratischen Hebammenkunst gearbeitet sein (?); oder war er selbst gegen Zopyros gerichtet?" Da Krische, nach diesen Worten zu urteilen, die Titel περὶ τῶν cοφιcτῶν und φυcιογνωμονικόc auf zwei verschiedene Schriften bezogen zu haben scheint und mithin den Haupttitel περὶ τῶν cοφιcτῶν unberücksichtigt läſst[1]), so braucht auf seine Ansicht nicht näher eingegangen zu werden. Neuerdings hat Dümmler (Akademika p. 209 f.) eine Hypothese aufgestellt, die mir ebenfalls einer Begründung zu entbehren scheint. Er erinnert sich bei dem angeführten Fragment dieser Schrift an die Erzählung des 34. Krates-Briefes, nach der Diogenes, als er in der Gefangenschaft keine Speise erhielt, zu den

---

1) Es ist ausgemachte Thatsache, daſs Titel dieser Art bei den antisthenischen Schriften wie bei den platonischen Dialogen auf die Redaktionsthätigkeit der katalogisierenden Grammatiker zurückgehen. Zu einer Trennung der beiden Titel ist man meist durch den Zweifel an ihrer inneren Beziehung zu einander geführt worden. So hat z. B. Hirzel (Hermes X 72, 1) die Titel περὶ δικαιοcύνηc καὶ ἀνδρείαc προτρεπτικόc α' β' γ' getrennt in 1) π. δικαιοcύνηc καὶ ἀνδρείαc, 2) προτρεπτικόc α' β' γ', weil er eine Zusammengehörigkeit derselben für unmöglich hielt; daſs es aber λόγοι προτρεπτικοὶ πρὸc ἀνδρείαν gab, wissen wir jetzt aus dem interessanten Fragment in Flinders Petrie Papyri IX S. 31. Ebenfalls unrichtig hat Ad. Müller 'de Antisthenis vita et scriptis' p. 48 die Titel περὶ νίκηc οἰκονομικόc getrennt mit der Begründung: „quomodo liber de victoria appellari potuerit Oeconomicus, me non videre fateor"; doch kann man sich einen Zusammenhang wohl denken, wenn man den Begriff des οἰκονομεῖν nicht so eng faſst wie in der xenophontischen Schrift, sondern in der weiteren Bedeutung, die es z. B. in [Aristot.] oec. β 1. 1345b 12 ff. hat.

Seeräubern sagte: εἰ μὲν cὖc ἥγετε εἰc ἐμπορίαν, ἐπεμελεῖcθε ἂν αὐτῶν, ἵνα ὑμῖν πλεῖον ἀργύριον πωλούμενοι ἐνέγκωcιν.[1]) Da dies eine Episode aus der Διογένους πρᾶcιc sei, die Lukian in der Βίων πρᾶcιc nachgeahmt habe, so schliefst Dümmler, dafs vielleicht schon die in Rede stehende Schrift des Antisthenes eine Art Βίων πρᾶcιc gewesen sei, in der die Versteigerung Platons und anderer Διονυcιοκόλακεc auf Aegina geschildert wäre. Allein abgesehen von allen Einwänden, die man gegen die innere Wahrscheinlichkeit dieser kühnen Kombination machen könnte, spricht folgendes dagegen. Unmittelbar vor dem Antisthenes-Citat führt Athenaeus aus des Sokratikers Aeschines Dialog Alkibiades folgendes an: ὥcπερ αἱ καπηλίδεc τὰ δελφάκια τρέφουcιν, was doch sicher nicht auf eine πρᾶcιc geht. Wird nicht ferner dadurch, dafs unmittelbar hinterher aus Antisthenes' Protreptikos citiert wird ἀντὶ δελφακίων τρέφεcθαι die Vermutung nahegelegt, dafs dieser Ausdruck an allen drei Stellen[2]) als ein bildlicher, jedesmal auf die geistige τροφή übertragener aufzufassen ist? Dann ergiebt sich ungezwungen als Sinn unseres Fragmentes: „wie die Marktweiber die Ferkel mit Gewalt mästen, so zwängt ihr Sophisten den jungen Leuten alle mögliche πολυμαθία ein (vgl. z. B. Plat. Prot. 318 C), die sie doch nicht verdauen können."[3])

Nachdem so die Haltlosigkeit der Dümmler'schen Hypothese erwiesen ist, soll der Versuch gemacht werden, eine gesichertere und innerlich wahrscheinlichere Vermutung über den Inhalt der Schrift vorzubringen, wobei das Hauptgewicht auf die Zusammengehörigkeit der beiden Titel zu legen ist.

Wenn man die mit den Sophisten sich beschäftigenden platonischen Dialoge liest, so mufs auffallen, welches Gewicht Platon auf die äufsere Beschreibung seiner Gegner sowie auf die Charakterisierung

---

1) Anstatt des apokryphen Krates-Briefes wäre besser citiert worden Philo 'de sapientis libertate' § 18 (vol. II p. 464 Mang.), wo Diogenes sagt: ἀτοπώτατον οὖν γίνεται, δελφάκια μὲν ἢ προβάτια, ὁπότε μέλλοι πιπράcκεcθαι, τροφαῖc ἐπιμελεcτέραιc εἰc εὐcαρκίαν πιαίνειν, ζῴων δὲ τὸ ἄριcτον, ἄνθρωπον, ἀcιτίαιc καὶ cυνεχέcιν ἐνδείαιc καταcκελετευθέντα ἐπευωνίζεcθαι. Anspielung darauf bei Epict. diss. IV 1, 115.
2) Sicher doch in dem Protreptikos und auch Alkibiades war für den pädagogischen Eros der Sokratiker typisch. Da nun die sokratischen λόγοι προτρεπτικοί natürlich eine Polemik gegen die sophistische Erziehungsmethode enthielten (vgl. besonders den sokratischen Protreptikos in Plat. Euthyd. 278 D ff.), so darf man von da auf den ebenfalls gegen die Sophisten gerichteten Physiognomonikos schliefsen.
3) Die καπηλίδεc erinnern daran, dafs Platon die sophistische Kunst oft als καπηλικὴ τέχνη bezeichnet (Soph. 223 D 224 E 231 D), aber in einem andern Sinne, doch vgl. Protag. 313 C ὁ cοφιcτὴc τυγχάνει ὢν ἔμπορός τιc ἢ κάπηλος τῶν ἀγωγίμων, ἀφ᾽ ὧν ἡ ψυχὴ τρέφεται. Τρέφεται δέ, ὦ Cώκρατες, ψυχὴ τίνι; Μαθήμαcι δήπου, ἥν δ᾽ ἐγώ. καὶ ὅπως γε μή, ὦ ἑταῖρε, ὁ cοφιcτὴc ἐπαινῶν ἃ πωλεῖ ἐξαπατήcῃ ἡμᾶc, ὥcπερ οἱ περὶ τὴν τοῦ cώματοc τροφήν, ὁ ἔμποροc καὶ ὁ κάπηλοc. Vgl. für den bildlichen Ausdruck τροφή Plat. Tim. 18 A 44 C 75 D E Rep. IV 442 A u. ö. und Wyttenbach zu Plut. Mor. 40 B.

derselben legt. Man denke besonders an die humoristische Scene des Protagoras (314 C ff.), wo Sokrates die im Hause des Kallias verweilenden Sophisten schildert: Hippias auf einem Thron sitzend, zu seinen Füfsen auf Bänken die andächtigen Zuhörer, denen er wie ein Richter die gestellten Fragen beantwortet; der kränkliche Prodikos in warme wollene Decken eingehüllt (ein Zeichen seiner μαλακία, vgl. Philostr. v. soph. p. 14, 27 Kays.), mit tiefer Stimme ‚redend; Protagoras wie ein Koryphaios mit gravitätischem Schritt einherstolzierend, gefolgt von dem Chor seiner Schüler. Für die Zeitgenossen mufste das pomphafte äufsere Auftreten der Sophisten, beispielsweise eines Hippias im Prachtgewand und mit kostbarer Fufsbekleidung, eines Gorgias im Purpurmantel und mit goldenen Sandalen, den denkbar schärfsten Kontrast zu der äufseren εὐτέλεια und ἁπλότης des Sokrates und seiner Schüler bilden. Dazu kommt die feine Schilderung der Charaktere der einzelnen Sophisten, die uns dieselben gewissermafsen plastisch vor Augen stellt. Das hat schon Basilios ganz richtig hervorgehoben, wenn er im 135. Brief schreibt (vol. 32 p. 572 Migne): τῶν φιλοσόφων οἱ τοὺς διαλόγους cυγγράψαντες Ἀριστοτέλης μὲν καὶ Θεόφραστος εὐθὺς αὐτῶν ἥψαντο τῶν πραγμάτων διὰ τὸ cυνειδέναι ἑαυτοῖς τῶν Πλατωνικῶν χαρίτων τὴν ἔνδειαν. Πλάτων δὲ τῇ ἐξουςίᾳ τοῦ λόγου ὁμοῦ μὲν τοῖς δόγμαςι μάχεται, ὁμοῦ δὲ καὶ παρακωμῳδεῖ τὰ πρόςωπα, Θραςυμάχου μὲν τὸ θραςὺ καὶ ἰταμὸν διαβάλλων, Ἱππίου δὲ τὸ κοῦφον τῆς διανοίας καὶ χαῦνον καὶ Πρωταγόρου τὸ ἀλαζονικὸν καὶ ὑπέρογκον. Nun ist bekannt, dafs die Vertreter der sog. zweiten Sophistik, so sehr sie in vielen Punkten sich von den Sophisten der sokratischplatonischen Zeit unterscheiden, doch in ihrem äufseren Auftreten und ihrem mehr auf das Äufserliche gerichteten Sinn aufs Genaueste mit ihren älteren Vorgängern übereinstimmen, so dafs ein Rückschlufs von ihnen auf letztere, insoweit er sich innerhalb der angedeuteten Grenzen hält, durchaus berechtigt ist. Da nun auch bei den Sophisten der zweiten Periode ein Erfolg ihrer ἐπιδείξεις durch ein effektvolles Auftreten nach aufsen hin wesentlich bedingt war, so liebt Philostratos es, uns detaillierte Beschreibungen auch der äufseren Erscheinung der Sophisten zu machen (vgl. Rose in seiner Ausgabe der Physiognomik des Pseudo-Appuleius in 'anecd. graecolat.' I p. 72, nach ihm Rohde 'Der gr. Roman' p. 316, 4. Vgl. auch Förster 'Die Physiognomik der Griechen' akad. Rede Kiel 1889 p. 11 [die dort erwähnte Stelle aus Lukian steht 'rhet. praec.' 11]). Die in jener Zeit eifrig betriebene[1]) Physiognomik nahm hiervon Notiz: der berühmte Sophist Polemon schrieb damals seine Physiognomik, aus welcher die uns unter seinem Namen erhaltene excerpiert ist; ferner sagt Philostratos p. 118, 7 von dem Sophisten Hippodromos: ἀγροικότερός τε ὢν τὸ εἶδος ὅμως ἀμήχανον εὐγένειαν ἐπεδήλου τοῖς

---

1) Vgl. z. B. Dio Chrys. 33 p. 26 Reiske.

ὄμμασι γοργόν τε καὶ φαιδρὸν βλέπων. τουτὶ δὲ καὶ Μεγιστίας ὁ Cμυρναῖος ἐν αὐτῷ καθεωρακέναι φηςὶν οὐ τὰ δεύτερα τῶν φυςιογνωμονούντων νομιςθείς. Endlich ist auch folgendes bemerkenswert: der Epitomator der pseudoaristotelischen Physiognomik fügt c. 3. 808 a 16 nach Beschreibung des Äufseren eines Cinaeden hinzu: οἷος ἂν εἴη Διονύςιος ὁ ςοφιςτής und in ähnlicher Weise hat Polemon den Favorinus als Typus eines μαλακός gezeichnet (vgl. Foerster in 'Philol. Abh. Martin Hertz dargebracht' p. 302).

Die Vermutung, dafs wir dasselbe Verhältnis zwischen den beiden antisthenischen Titeln anzunehmen haben, ist um so wahrscheinlicher, als gerade zur Zeit des Sokrates das Studium der Physiognomik eigentlich zum ersten Mal begonnen wurde. Dieselbe konnte erst eine Wissenschaft werden, nachdem die Philosophie sich auf genauere Untersuchungen über das Verhältnis von Körper und Seele eingelassen hatte, als dies in der vorsokratischen Naturphilosophie geschehen war. Nur Pythagoras, der ja auch das Leben des Einzelnen zuerst in den Kreis eingehender Betrachtung zog, soll bei der Aufnahme neuer Schüler aus deren Äufserem auf ihr Ethos geschlossen haben, vgl. z. B. Gellius I 9 'iam a principio adulescentes, qui sese ad discendum obtulerant, ἐφυςιογνωμόνει. id verbum significat, mores naturasque hominum coniectatione quadam de oris et vultus ingenio deque totius corporis filo atque habitu sciscitari'.[1]) Einen neuen Aufschwung nahm das Studium der Physiognomik durch die sokratische Forderung des γνῶθι ςεαυτόν, die er auf den Körper wie auf die Seele erstreckte (vgl. Xenoph. Mem. I 4). Sehr bezeichnend sind die beiden Gespräche, die Xenophon (Mem. III 10) den Sokrates mit dem Maler Parrhasios und dem Bildhauer Kleiton halten läfst; Sokrates weist darauf hin, dafs der Gesichtsausdruck und überhaupt der Körper ein Spiegel der Seele sei und dafs die Künstler daher auf die Kongruenz der darzustellenden Empfindung und der betreffenden Handlung zu achten hätten; vgl. z. B. § 5 τὸ μεγαλοπρεπές τε καὶ ἐλευθέριον καὶ τὸ ταπεινόν τε καὶ ἀνελεύθερον[2]) καὶ τὸ ςωφρονικόν τε καὶ φρόνιμον καὶ τὸ ὑβριςτικόν τε καὶ ἀπειρόκαλον καὶ διὰ τοῦ προςώπου καὶ διὰ τῶν ςχημάτων καὶ ἑςτώτων καὶ κινουμένων ἀνθρώπων διαφαίνει.[3]) Dazu kommt endlich die Person des Sokrates

---

1) Vgl. Hippol. ref. haer. I 2 doxogr. p. 556, 5 φυςιογνωμονικὴν αὐτὸς (Pythagoras) ἐξεῦρεν. Iambl. v. Pyth. §§ 71, 74 Porphyr. v. Pyth. §§ 13, 54. Übrigens wird das Experiment des Pythagoras auf Sokrates übertragen von Appuleius 'de dogm. Plat.' I c. 1.
2) Der αὐχὴν λόξος als Charakteristikum der δουλείη κεφαλή ist schon dem Theognis (v. 535 f.) bekannt.
3) Bekannt ist ja auch, dafs für den sokratischen ἔρως ein schöner Körper mit einer schönen Seele untrennbar verbunden ist, vgl. z. B. Plut. Alcib. 4 ὁ δὲ Cωκράτους ἔρως μέγα μαρτύριον ἦν τῆς ἀρετῆς καὶ εὐφυίας τοῦ παιδός (sc. Ἀλκιβιάδους), ἣν ἐμφαινομένην τῷ εἴδει καὶ διαλάμπουςαν ἐνορῶν κτλ. (die Terminologie ist stoisch, wie der stoische ἔρως überhaupt eng mit dem sokratischen verwandt ist).

selbst, an welche die Physiognomik früh angeknüpft hat.[1]) Er selbst liebte es, über seinen Körper zu scherzen (vgl. Stallbaum zu Plat. Phaedr. 253 E); bekannt ist die Schilderung, die Alkibiades im platonischen Symposion entwirft, bekannt ebenfalls die angebliche Begegnung des Sokrates mit dem Physiognomen Zopyros. Sokrates blieb seitdem ein stereotypes Beispiel für die Physiognomik; das Äufsere des εἴρων wurde nach seinem Porträt gezeichnet (vgl. Ribbeck Rh. M. 31, 599); Aristoxenos versäumte natürlich nicht, die Körpergestalt des Sokrates genau zu beschreiben (fr. 28 in FHG. II 280), Varro rechnet ihn in einem interessanten Fragment der Satura Γνῶθι ϲεαυτόν (fr. 207 B.) zu den 'perfecti secundum naturam homines' mit genauer physiognomischer Beschreibung[2]), und bei den zünftigen

1) Vgl. Wilamowitz 'Antigonos' p. 148 „Sokrates' Körperbildung hat notorisch den Anstofs zur Physiognomik gegeben".
2) 'Nonne hominem scribunt esse grandibus superciliis, silonem, quadratum?' Dafs Sokrates gemeint ist, geht deutlich aus dem Gesamtinhalt der Satura hervor und ist zuerst wohl von Hemsterhuys zu Lukian 'dial. mort.' 20, 4 hervorgehoben worden. Im Einzelnen stimmt 'silo' d. h. cιμός (vgl. Philox. p. 198, 1 und Festus p. 340, Loewe 'Prodr. gloss.' p. 392) mit der bekannten Prosopographie in Plat. Symp. 215 A und Theaet. 143 E und die cιμότης ist ein Charakteristikum der λαγνεία bei den Physiognomikern (Ps.-Aristot. c. 6. 811 b 2. Ps.-Polemon p. 242, 304 ed. Franz, Ps.-Appul. p. 135, 9 ed. Rose'. Die Augenbrauen spielen in der Physiognomik seit Aristoteles (h. a. I 9. 491 b 12 f.) eine Hauptrolle (vgl. Ps.-Aristot. c. 6. 812 b 26; Ps.-Pol. 194 u. s. w.), aber nirgends wird bei den zünftigen Physiognomikern, wie in unserm Fragment, die Gröfse, sondern stets die Richtung derselben hervorgehoben, wenigstens finde ich die Gröfse erwähnt nur bei Hippol. ref. haer. IV 16 οἱ δὲ ἐν Ταύρῳ (sc. γεννώμενοι) τύπῳ ἔϲονται τῷδε· κεφαλῇ ϲτρογγύλῃ, τριχὶ παχείᾳ, μεϲώπῳ πλατεῖ τετραγώνῳ, ὀφθαλμοῖϲ καὶ ὀφρύϲι μεγάλαιϲ. Die grofsen buschigen Augenbrauen des Sokrates passen gut zu seiner sonstigen Silengestalt und das ὀφρύϲ ἐπαίρειν (supercilia subducere) war ein typisches Kennzeichen der νουθετικοὶ φιλόϲοφοι. — Worauf bezieht sich endlich 'quadratus'? Bei den Physiognomikern ist es immer der τετράγωνοϲ τύποϲ der Stirn, vgl. z. B. Ps.-Appul. p. 115, 12 'frons quadrata moderatae magnitudinis congruens corpori ac vultui magnae virtutis sapientiae et magnanimitatis indicium est' (ferner Ps.-Arist. c. 5. 809 b 16 Ps.-Pol. p. 188, vgl. Hippol. a. a. O.); der Wortlaut aber des varronischen Fragments (es hätte heifsen müssen: quadrata fronte) sowie die bekannte Büste des Sokrates scheinen diese Beziehung nicht zu empfehlen, zumal sonst nach stehendem Gebrauch der physiognomischen Beschreibungen, welche fast immer die einzelnen Gliedmafsen in genauer Reihenfolge von oben nach unten aufzählen, die Stirn ohne Zweifel vor den Augenbrauen erwähnt worden wäre. Wir sind aber für die Geschichte der Physiognomik nicht blofs auf die eigentlichen Physiognomiker angewiesen; es ist bekannt, wie grofsen Gefallen man besonders in den späteren Zeiten des Altertums an dieser Wissenschaft fand und wie sie — ein Zeichen des sinkenden Geschmacks — in gewisse Kreise der Litteratur eindrang (vgl. Rohde 'Roman' p. 151, 3). Wie die Christen von dem Heiland und den Aposteln bis in die kleinsten Einzelheiten gehende Körperbeschreibungen zu liefern wufsten, die für uns wie die ähnlichen Verzeichnisse aus Testamenten blofs in sprachlicher Hinsicht interessant sind (vgl. besonders Tischendorf 'Anecdota Sacra' p. 129 f.), so weifs der sog. Dares Phrygius ein genaues Register

Physiognomikern, die sonst selten auf bestimmte Personen Bezug nehmen, wird Sokrates einmal erwähnt (Ps.-Polemon p. 222 = Adamantius p. 349 = Ps.-Appul. p. 124, 23). Dafs Antisthenes als echter Sokratiker auf diese Wissenschaft Gewicht legte, ersehen wir nicht blofs aus dem Titel unserer Schrift, sondern es wird auch bestätigt durch ein Fragment bei schol. Il. Ψ 65 (p. 28 VII Winck.), wo zu den Versen

ἦλθε δ' ἐπὶ ψυχὴ Πατροκλέεος δειλοῖο
πάντ' αὐτῷ μέγεθός τε καὶ ὄμματα κάλ' εἰκυῖα
καὶ φωνήν, καὶ τοῖα περὶ χροῒ εἵματα ἔστο

bemerkt wird: ἐντεῦθεν Ἀντισθένης ὁμοσχήμονάς φησι τὰς ψυχὰς τοῖς περιέχουσι σώμασιν εἶναι (ähnlich die Stoiker, vgl. Foerster 'Abh. M. Hertz dargebracht' p. 292, 2 und 4).[1])

## 2. Κύριος ἢ ἐρώμενος, Κύριος ἢ κατάσκοποι.

Diese beiden Schriften stehen im 10. Bande des antisthenischen Schriftenkatalogs (La. D. VI 18), d. h. sie gehören zu denjenigen Werken, die nach der Behauptung Susemihls (Fleckeisens Jahrb. 1887, 207 ff.) gefälscht sind. Ich glaube nicht, dafs jemand, der die Susemihl'sche Auseinandersetzung prüft, dem Resultat derselben bei-

der einzelnen Körpereigenschaften der homerischen Helden zu geben c. 13; dort heifst es von Diomedes: 'Diomedem fortem quadratum corpore' etc. und die Byzantiner, die dieses Kapitel des Dares gern ausschreiben, übersetzen es mit τετράγωνος (Isaak Porphyrogennetos περὶ ἰδιότητος καὶ χαρακτήρων τῶν ἐν Τροίᾳ Ἑλλήνων τε καὶ Τρώων ed. Hugo Hinck im Anhang zu seiner Ausgabe der Declamationen des Polemo Leipzig 1873 p. 81, 21 und Tzetzes Posthom. v. 668). Sokrates wird also bezeichnet als ein Mann, wie ihn der berühmte eisonideische Vers schildert, χερσίν τε καὶ ποσὶ καὶ νόῳ τετράγωνος, ἄνευ ψόγου τετυγμένος. Das lateinische Wort findet sich in dieser Bedeutung auch bei Ambrosius 'de Noë et arca' c. 6 (vol. 14 p. 387 Migne): er behauptet dort, dafs die Arche Noahs ein Bild des menschlichen Körpers sei und erklärt demgemäfs den Vers 1. Mos. 6, 14 ('fac igitur tibi arcam de lignis quadratis') so: 'quadratum certe hoc appellamus, quod omnibus bene consistat partibus et conveniat sibi (was sich an allen Teilen des menschlichen Körpers nachweisen lasse) ... et in usu ita est, ut eos quadratos dicamus, quos nec enormis proceritate et validos robusti qualitate corporis aestimamus'.

1) Nachträglich sehe ich, dafs über die antisthenische Schrift das Richtige bereits kurz angedeutet ist von Henrychowski 'Ein kurzer Beitrag zur Litteratur der Physiognomones veteres' Progr. Gnesen 1870 p. 14: „In der antisthenischen Schrift wurden die Sophisten einer physiognomischen Untersuchung unterworfen. Es läfst sich denken, dafs Antisthenes das Treiben und die Geberden der ihm verhafsten Sophisten in einer physiognomischen Schrift dem Publikum näher vor die Augen brachte." Da der Verf. diese Ansicht jedoch nicht näher begründet hat, mag die obige Auseinandersetzung diese Vermutung zu gröfserer Gewifsheit erheben.

stimmen wird[1]), da alle Argumente, die für die Unechtheit des 10. Bandes im Ganzen und der einzelnen Schriften im Speciellen vorgebracht werden, jeder Beweiskraft entbehren. Useners Analyse des theophrasteischen Schriftenkatalogs hat doch gezeigt, dafs man sich über Unordnung in der Disposition solcher Kataloge bei Laertios nicht wundern darf und dafs hier Umstellungen und Einklammern scheinbar irrtümlicher Wiederholungen nicht am Platze sind. Ich glaube daher der unerfreulichen Arbeit einer Widerlegung im Einzelnen mich entziehen zu dürfen, und dies um so mehr, als durch die nachfolgende Auseinandersetzung, welche vor allem die am besten überlieferte Lesart der beiden Titel zu schützen und zu erklären sucht, die wenigen Beweismittel Susemihls noch um eines vermindert werden, welches mit einer auf schlechterer Lesart beruhenden Variante operiert.

Es ist nämlich vor allen Dingen von Wichtigkeit, genau die handschriftliche Überlieferung der Titel festzustellen. Ich verdanke die genaue Mitteilung darüber Herrn Professor Diels, der auf meine Anfrage mir folgendes mitzuteilen die Güte hatte. Von den drei besten und ältesten Handschriften des Laertius bieten der cod. Parisinus (P, sowie dessen Apographon cod. Parisinus Q) und der cod. Burbonicus (B) folgendes:

κύριος ἢ ἐρώμενος, κύριος ἢ κατάσκοποι,

dagegen der cod. Florentinus (F) nach Cobets Kollation:

Κῦρος ἢ ἐρώμενος, Κῦρος ἢ κατάσκοποι.

Letzteres nahm Cobet in den Text auf; die übrigen Gelehrten, die diese Schriften vorübergehend citieren, halten zumeist an der ersteren Überlieferung fest, doch mit einer auf ungenauer Kollation der Handschriften beruhenden Abweichung: statt des zweiten κύριος setzen sie sämtlich den Plural κύριοι.

Es ist klar, dafs bei einer Besprechung der Titel zunächst die Überlieferung von BP zugrunde gelegt werden mufs, und dafs erst dann die Variante von F in Betracht zu ziehen ist, wenn sich die Unmöglichkeit herausgestellt hat, die besser überlieferte Lesart zu erklären.

Was nun zunächst das Wort κύριος betrifft, in dem beide Titel übereinstimmen, so wird nur die Methode Anspruch auf Wahrscheinlichkeit haben, die beide auf gleiche Weise erklärt und zwar mufs der gesuchte Begriff ein wichtiges Dogma der kynischen Philosophie enthalten, ebenso wie das zweimalige Vorkommen des Herakles und des Kyros die Thatsache bestätigt, dafs der erste speciell bei den Kynikern, der letztere überhaupt bei den Sokratikern eine hervorragende Rolle gespielt hat.[2]) Nun ist bekanntlich eins der populärsten

---

1) Auch Dümmler 'Akademika' p. 1 f. hat gegen die Susemihl'sche Behauptung entschieden Protest eingelegt.

2) Dafs die Doppeltitel nicht ursprünglich sind und nur der erste (κύριος) von Antisthenes selbst herrührt, läfst sich kaum bezweifeln, wie überhaupt der erste Titel immer der originale ist. Die Gleichheit der beiden Titel machte später die Differenzierung nötig.

Dogmen der Kyniker, welches sich von Antisthenes an durch Vermittlung der Stoa in der gesamten populären Moralphilosophie der späteren Zeit wiederfindet, dafs der Mensch nicht der Sklave, sondern der Herr seiner Begierden und aller πάθη sein müsse; und da die grofse Masse der Menschen Sklaven ihrer Leidenschaften, die Weisen allein Herren derselben sind, so folgt, dafs der Weise Herr ist über die grofse Menge der Unweisen. Aus der Διογένους πρᾶσις des Menippos hat Laert. Diog. VI 29 folgendes mitgeteilt: φησὶ δὲ Μένιππος ἐν τῇ Διογένους πράσει ὡς ἁλοὺς καὶ πωλούμενος ἠρωτήθη τί οἶδε ποιεῖν, ἀπεκρίνατο «ἀνδρῶν ἄρχειν» καὶ πρὸς τὸν κήρυκα, «κήρυσσε», ἔφη, «εἴ τις ἐθέλει δεσπότην αὑτῷ πρίασθαι»; dasselbe bei Stob. flor. III 63 Διογένους· Πωλούμενος ἐν Κορίνθῳ, ἐρομένου τοῦ κήρυκος, «τί ἐπίστασαι;» «ἀνθρώπων» ἔφη «ἄρχειν». καὶ ὁ κῆρυξ γελάσας «μέγα ἐπιτήδευμα πωλῶ, εἴ τις ἐθέλει πρίασθαι κύριον» [Crat.] ep. 34, 4 τινὲς δὲ καὶ ἠρώτων, εἴ τι ἐπίσταται. ὁ δὲ ἔλεγεν ἐπίστασθαι ἀνδρῶν ἄρχειν, «ὥστε εἴ τις ὑμῶν κυρίου δεῖται, συμφωνείτω προσιὼν τοῖς πωληταῖς». κἀκεῖνοι ἀναγελάσαντες ἐπὶ τούτῳ, «καὶ τίς» ἔφασάν «ἐστιν, ὃς ὢν ἐλεύθερος κυρίου δεῖται;» «πάντες» εἶπεν «οἱ φαῦλοι καὶ τιμῶντες μὲν ἡδονὴν, ἀτιμάζοντες δὲ πόνον» (vgl. auch Laert. D. VI 74). Kurz bevor er auf die Διογένους πρᾶσις zu sprechen kommt, führt Philo ('de sap. libert.' § 15 vol. II p. 461 Mang.) sicher aus alten Quellen als Beispiel der durch nichts zu beschränkenden Freiheit des Weisen eine Episode aus dem Leben des Herakles an: τὸν αὐτὸν σπουδαῖον οὐχ ὁρᾷς, ὅτι οὐδὲ πωλούμενος θεράπων εἶναι δοκεῖ, καταπλήττων τοὺς ὁρῶντας ὡς οὐ μόνον ἐλεύθερος ὤν, ἀλλὰ καὶ δεσπότης ἐσόμενος τοῦ πριαμένου (was dann durch Verse aus dem euripideischen Satyrdrama Syleus [fr. 688—692 N.] bewiesen wird). τοῦτον οὖν πότερον δοῦλον ἢ κύριον τοῦ δεσπότου ἀποφαντέον; In dem Idealgemälde des Kynismus, welches Epiktet diss. III 22 nach den besten Quellen entwirft, wird der Kyniker als Herrscher, König und Herr der Menschen bezeichnet (§§ 18, 72, 79, 85), vgl. besonders § 49, wo der wahre Kyniker sagt: πῶς δ' ἐντυγχάνω τούτοις, οὓς ὑμεῖς φοβεῖσθε καὶ θαυμάζετε; οὐχ ὡς ἀνδραπόδοις; τίς με ἰδὼν οὐχὶ τὸν βασιλέα τὸν ἑαυτοῦ ὁρᾶν οἴεται καὶ δεσπότην;[1]) Mehr über dieses kynisch-stoische Paradoxon[2]) würden wir wissen, wenn uns nicht eine eingehende Behandlung desselben zufällig verloren wäre;[3])

---

1) Δεσπότης und κύριος werden fast synonym gebraucht (vgl. Philo 'quis rer. div. heres' § 6, vol. 1 476: συνώνυμα ταῦτα εἶναι λέγεται).

2) Es ist ja in seinen Anfängen sokratisch und gerade auf dieses Paradoxon pafst gut, was Cicero Acad. pr. II 44, 186 sagt: 'sunt enim Socratica pleraque mirabilia Stoicorum quae παράδοξα nominantur'. Doch beschränke ich mich auf die Kyniker und die älteren Stoiker.

3) Verhältnismäfsig am ausführlichsten Philo 'quaest. in Genesin' IV 76, wo er die Worte 1. Mos. 23, 6 (μὴ κύριε, ἄκουσον δὲ ἡμῶν. βασιλεὺς παρὰ θεοῦ σὺ εἶ ἐν ἡμῖν) auslegt. Hier findet sich auch die aus Horatius (epist. I 1, 107) bekannte Wendung βασιλεὺς βασιλέων (wie sich

denn dafs auch dieses Paradoxon im Einzelnen ausgeführt wurde, zeigt Philo a. a. O. § 3 (vol. II p. 448) τῷ γὰρ ὄντι μόνος ἐλεύθερος ὁ μόνῳ θεῷ χρώμενος ἡγεμόνι, κατ' ἐμὴν δὲ διάνοιαν καὶ τῶν ἄλλων ἡγεμών, ἐπιτετραμμένος τὰ περίγεια ... Ἀλλ' ὁ μὲν περὶ τῆς ἀρχῆς τοῦ σοφοῦ λόγος εἰς καιρὸν ἐπιτηδειότερον ὑπερκείσθω, doch kommt er im Folgenden noch einmal darauf zurück: § 5 (vol. II p. 450) πρὸς οὐδενὸς οὖν ἀναγκάζεται (sc. ὁ σοφός), ἅτε καταπεφρονηκὼς μὲν ἀλγηδόνων, καταπεφρονηκὼς δὲ θανάτου, νόμῳ δὲ φύσεως ὑπηκόους ἔχων πάντας ἄφρονας. ὅνπερ γὰρ τρόπον αἰγῶν μὲν καὶ βοῶν καὶ προβάτων αἰπόλοι καὶ βουκόλοι καὶ νομεῖς ἀφηγοῦνται, τὰς δὲ ἀγέλας ἀμήχανον ἐπιτάξαι ποιμέσι· καὶ τὸν αὐτὸν τρόπον οἱ μὲν πολλοὶ θρέμμασιν. ἐοικότες ἐπιστάτου καὶ ἄρχοντος δέονται, ἡγεμόνες δέ εἰσιν οἱ ἀστεῖοι. Es wäre mithin verkehrt, in den antisthenischen Titeln, von denen wir ausgingen, auf Grund einer schlechter beglaubigten handschriftlichen Variante, einen Begriff zu entfernen, der eine so bedeutsame Stellung in dem System der kynischen Moralphilosophie einnimmt. Wir können aber noch einen Schritt weiter gehen: auch die Nebentitel ἐρώμενος und κατάσκοποι passen gut zu der oben nachgewiesenen Bedeutung von κύριος. Leicht ist das zu erkennen bei ersterem. Zwar ist nicht ganz klar, wer der ἐρώμενος ist: der Kyniker selbst oder dessen παιδικά. Ersteres ist jedenfalls das Wahrscheinlichere, da es mifslich sein würde, in κύριος ein anderes Subjekt zu sehen als in ἐρώμενος; und die Auffassung selbst, dafs der Weise nicht blofs ἐραστής, sondern kraft des ἀντέρως (vgl. Plat. Phaedr. 255 DE) auch ἐρώμενος ist, liegt ja klar ausgesprochen in dem antisthenischen 'Herakles': hier war Herakles als ἐραστής des Achilleus aufgefafst (vgl. fr. V Winck.), aber zugleich war an seiner Person gezeigt, ὅτι ἀξιέραστος ὁ σοφός (fr. II). Antisthenes hat das Verhältnis des Herakles zu Achilleus dem des Sokrates zu Alkibiades konform gestaltet (vgl. Dümmler 'Antisth.' p. 6, 1) und letzterer sagt ausdrücklich im platonischen Symposion 222 B, Sokrates sei in Wahrheit nicht sein und vieler anderer ἐραστής, sondern vielmehr ihrer aller Geliebter (παιδικά). Dafs das Verhältnis des ἐραστής zum ἐρώμενος einer edlen freiwilligen δουλεία gleiche (dafs also der eine δοῦλος, der andere κύριος sei), wird oft in den platonischen Dialogen hervorgehoben: Alkibiades sagt (Symp. 222 E), Sokrates wolle ihm immer „überlegen sein" (περιεῖναι) und er sei zum Sklaven dieses wunderbaren Mannes geworden (219 E). Ebenso wird der

---

der Grofskönig und andere orientalische Herrscher zu bezeichnen liebten, vgl. Ioseph. Ant. XI 5, 1, Diodor I 47, 4, CIGr. 2123) vom stoischen Weisen gebraucht (ebenso 'de libert. sap.' § 7). Das nahverwandte Paradoxon ὅτι μόνος ὁ σοφὸς βασιλεύς wird am eingehendsten reproduciert von Johannes Chrysostomus in der Schrift σύγκρισις βασιλικῆς δυναστείας καὶ πλούτου καὶ ὑπεροχῆς πρὸς μοναχὸν συζῶντα τῇ ἀληθεστάτῃ καὶ κατὰ Χριστὸν φιλοσοφίᾳ (vol. I p. 387 ff. Migne).

ἐραϲτήϲ ein δοῦλοϲ genannt Phaedr. 252 A, Euthyd. 282 AB, Symp. 183 A 184 BCD. Antisthenes hat vermutlich diese Art der δουλεία jener anderen gegenübergestellt, in welche der dem φαῦλοϲ ἔρωϲ ergebene Mensch gerät: denn dafs der von diesem ἔρωϲ überwältigte ἐραϲτήϲ ein verächtlicher δοῦλοϲ sei, führen Epiktet IV 1, 17 ff. und Persius sat. 5, 161 ff. sicher nach stoischen Vorbildern aus (was durch Laert. D. VII 130 bewiesen wird), und wenn man bedenkt, dafs auch Antisthenes diesen φαῦλοϲ ἔρωϲ eingehend behandelte (vgl. z. B. fr. I des Ἐρωτικόϲ bei Clem. Al. Strom. II c. 20 p. 485 P.; doch stammt dies Fragment ohne Zweifel vielmehr aus dem 'Herakles', vgl. Brinkmann 'quaestionum de dialogis Platoni [also addictis specimen' Bonn 1891 These III), so wird man es als wahrscheinlich bezeichnen dürfen, dafs Antisthenes in diesem Dialog hat zeigen wollen, dafs der ἐραϲτὴϲ ϲοφίαϲ freilich auch ein Sklave seines ἐρώμενοϲ sei, dafs aber diese Art der Sklaverei nicht wie jene andere verwerflich, sondern erstrebenswert sei.

Der Nebentitel der zweiten Schrift (κατάϲκοποι) ist nicht ohne Weiteres klar, doch ergiebt sich seine Bedeutung aus mehreren Stellen, die zeigen, dafs dieser Begriff bei den alten Kynikern eine eigentümliche Rolle gespielt hat. Wir gehen dabei aus von einer Anekdote, welche, wie es scheint, nicht durchaus erfunden ist. Mit Angabe eines Gewährsmannes berichtet Laertius Diog. VI 43: φηϲὶ δὲ Διονύϲιοϲ ὁ Ϲτωικὸϲ [1]), ὡϲ μετὰ Χαιρώνειαν ϲυλληφθεὶϲ (sc. Diogenes der Kyniker) ἀπήχθη πρὸϲ Φίλιππον καὶ ἐρωτηθεὶϲ, ὅϲτιϲ εἴη, ἀπεκρίνατο, «κατάϲκοποϲ τῆϲ ϲῆϲ ἀπληϲτίαϲ», ὅθεν θαυμαϲθεὶϲ ἀφείθη. Etwas ausführlicher Plutarch 'de exilio' c. 16 τί δέ, Διογένηϲ οὐκ εἶχε παρρηϲίαν; ὃϲ εἰϲ τὸ τοῦ Φιλίππου ϲτρατόπεδον παρελθών, ὁπηνίκα μαχούμενοϲ ἐχώρει τοῖϲ Ἕλληϲι καὶ πρὸϲ αὐτὸν ἀναχθείϲ, ὡϲ κατάϲκοποϲ, ἔφη, τῆϲ ἀπληϲτίαϲ ἀφῖχθαι αὐτοῦ καὶ τῆϲ ἀφροϲύνηϲ, ἥκοντοϲ ἐν βραχεῖ καιρῷ διακυβεῦϲαι περὶ τῆϲ ἡγεμονίαϲ ἅμα καὶ τοῦ ϲώματοϲ. Besonders wichtig ist auch die Anwendung, die Epiktet mit bestimmter Beziehung auf die Kyniker von diesem Begriff macht[2]): diss. I 24, 3 ff. καὶ νῦν ἡμεῖϲ ϲε εἰϲ Ῥώμην κατάϲκοπον πέμπομεν· οὐδεὶϲ δὲ δειλὸν κατάϲκοπον πέμπει, ἵν', ἂν μόνον ἀκούϲῃ ψόφου καὶ ϲκιάν ποθεν ἴδῃ, τρέχων ἔλθῃ τεταραγμένοϲ καὶ λέγων ἤδη παρεῖναι τοὺϲ πολεμίουϲ. (4) οὕτω νῦν καὶ ϲὺ ἂν ἐλθὼν ἡμῖν εἴπῃϲ, Φοβερὰ τὰ ἐν Ῥώμῃ πράγματα, δεινόν ἐϲτι θάνατοϲ, δεινόν ἐϲτι φυγή....., (5) ἐροῦμέν ϲοι, Ἄπελθε, ϲεαυτῷ μαντεύου· ἡμεῖϲ τοῦτο μόνον ἡμάρτομεν, ὅτι τοιοῦτον κατάϲκοπον ἐπέμπομεν. (6) πρὸ ϲοῦ κατάϲκοποϲ ἀποϲταλεὶϲ Διογένηϲ ἄλλα ἡμῖν ἀπήγγελκεν· λέγει ὅτι ὁ θάνατοϲ οὐκ ἐϲτὶ κακόν, οὐδὲ γὰρ αἰϲχρόν· λέγει ὅτι εὐδοξία

---

[1] Aufser dem Dionysios, der später der stoischen Philosophie untreu wurde (Μεταθέμενοϲ), gab es noch zwei andere Stoiker dieses Namens (vgl. Zeller im Index). Welcher gemeint ist, bleibt unsicher.
[2] Diese Stellen z. T. auch bei Weber Leipz. Stud. X 203, vgl. 212.

ψόφος ἐcτὶ μαινομένων ἀνθρώπων. (§ 7) οἷα δὲ περὶ πόνου, οἷα δὲ περὶ ἡδονῆς, οἷα περὶ πενίας εἴρηκεν οὗτος ὁ κατάςκοπος u. s. w. (§ 9) Οὐδείς, φηςί, πολέμιος ἐγγύς ἐςτι, πάντα εἰρήνης γέμει. Πῶς, ὦ Διόγενες; Ἰδού, φηςί, μή τι βέβλημαι; μή τι τέτρωμαι; μή τινα πέφευγα; Τοῦτ' ἐςτὶν οἷος δεῖ κατάςκοπος (§ 10). cὺ δ' ἡμῖν ἐλθὼν ἄλλα ἐξ ἄλλων λέγεις. οὐκ ἀπελεύςῃ πάλιν καὶ ὄψει ἀκριβέςτερον δίχα τῆς δειλίας; Ganz ähnlich sehr oft III 22 (περὶ Κυνιςμοῦ), vgl. § 24: der echte Kyniker soll wissen, daſs er, wie Diogenes, κατάςκοπος ist. τῷ γὰρ ὄντι κατάςκοπός ἐςτιν ὁ Κυνικὸς τοῦ τίνα ἐςτὶ τοῖς ἀνθρώποις φίλα καὶ τίνα πολέμια. (25) καὶ δεῖ αὐτὸν ἀκριβῶς κατασκεψάμενον ἐλθόντ' ἀπαγγεῖλαι ἀληθῆ (vgl. § 69). Der Kyniker erforscht also das Leben und Treiben der Menschen und späht nach ihren Fehlern; indem er diese heilt, wird er ein ἐπίςκοπος.[1]) Es braucht nicht

---

1) Der kynische ἐπίςκοπος steht in naher Beziehung zum κατάςκοπος, doch sind beide Begriffe getrennt zu halten (vgl. die Kontroverse der alten Grammatiker über Il. K 38 in den Scholien und dazu Doederlein 'Homer. Glossarium' N. 2356). Wie nahe sie sich berühren, kann besonders Epiktet zeigen, bei dem § 72 ff. plötzlich das ἐπιςκοπεῖν in engem Zusammenhang mit dem noch § 69 genannten κατάςκοπος gesetzt ist. Das „Betrachten" des menschlichen Treibens muſs lange von den Kynikern als ihre eigentliche Aufgabe betrachtet worden sein. In Lukians Totengesprächen 10, 2 sagt Hermes zu Menipp: ἔμβαινε, ὦ Μένιππε, ἀνδρῶν ἄριςτε (nämlich in den Nachen des Charon), καὶ τὴν προεδρίαν παρά τὸν κυβερνήτην ἔχε ἐφ' ὑψηλοῦ, ὡς ἐπιςκοπῆς ἅπαντας. Vgl. auch den stark kynisch gefärbten Dialog Χάρων ἢ ἐπιςκοποῦντες, wo ebenfalls von der Höhe herab das menschliche Leben betrachtet wird. In der varronischen Satura 'Endymiones' (fr. 105 B) sagt jemand: 'animum mitto speculatum tota urbe, ut quid facerent homines cum experrecti sint me faceret certiorem', vgl. auch fr. 117 der 'Eumenides': 'sed nos simul atque in summam speculam venimus | videmus populum Furiis instinctum tribus | diversum ferri exterritum formidine'. Wie unbequem diese πολυπραγμοςύνη der kynisch-stoischen Moralisten werden konnte, zeigt Horat. sat. II 3, 19 ff. an einem heruntergekommenen Exemplar dieser Gattung und Epiktet III 22, 97 hält es für nötig, dieses 'aliena negotia curare' ausdrücklich zu legitimieren. Später wurde dies ἐπιςκοπεῖν von den Kynikern auf Demokrit übertragen, dessen Persönlichkeit sich die kynisch-stoische Moralphilosophie früh bemächtigt hat; vgl. Dio Chrys. IX 288 παρετύγχανε δὲ (Diogenes) ταῖς πανηγύρεςιν οὐχ ὧνπερ οἱ πολλοὶ ἕνεκα βουλόμενοι θεάςαςθαι τοὺς ἀθλητὰς καὶ ἵνα ἐμπληςθῶςιν, ἀλλ' ἐπιςκοπῶν οἶμαι τοὺς ἀνθρώπους καὶ τὴν ἄνοιαν αὐτῶν mit Horat. epist. II 1, 194 ff. 'si foret in terris, rideret Democritus; seu | diversum confusa genus panthera camelo | sive elephas albus volgi converteret ora, | spectaret populum ludis attentius ipsis, | ut sibi praebentem nimio spectacula plura'. Daher wünscht Demokrit auch in dem (ganz kynischen) 17. pseudohippokratischen Briefe § 48 ὤφελε δύναμις ὑπῆρχε τὰς ἁπάντων οἰκήςιας ἀνακαλύψαντα μηδὲν ἀφεῖναι τῶν ἐντὸς παρακάλυμμα, εἶθ' οὕτως ὁρῆν τὰ πρηςςόμενα ἔνδον. Sollte diese Stelle gekannt haben Velez de Guevara, der Verfasser des 'Diablo cujaelo' (bekannter ist die französische Nachdichtung 'Le diable boiteux' von Lesage) in der bekannten Scene des Dachabdeckens? Lesage sagt in der Vorrede zur 4. Ausg. (1727), er wolle mit dem Spanier nicht streiten, ob er nicht seine Idee irgend einem griechischen, lateinischen oder italienischen Autor verdanke.

ausgeführt zu werden, dafs im Grunde genommen diese Gedanken bereits von Sokrates, nur nicht so scharf präcisiert, ausgesprochen worden sind. Antisthenes zog daraus die Konsequenzen und Diogenes setzte die Worte des Lehrers in Thaten um.

In welcher Beziehung steht nun der Begriff des κατάσκοπος zu κύριος? Nach dem, was oben über die Bedeutung des letzteren Wortes innerhalb der kynischen Schule gesagt worden ist, würde die Brücke vom 'Kundschafter' zum 'Herrn' leicht zu schlagen sein. Aber hier liegt, wenn ich nicht irre, noch eine engere Beziehung zwischen beiden Begriffen vor. In der angeführten Diatribe Epiktets (III 22) wird an Diogenes diese Frage gerichtet (§ 38): ἐν τίνι οὖν ἐcτι τὸ ἀγαθόν, ἐπειδὴ ἐν τούτοιc οὐκ ἔcτιν; εἰπὲ ἡμῖν, κύριε ἄγγελε καὶ κατάcκοπε. "Ὅπου οὐ δοκεῖτε κτλ. Wir treffen hier die beiden Worte des antisthenischen Titels in einer so nahen Verbindung, dafs wir schwerlich an blofsen Zufall denken können. Was ist aber mit dem dazwischen gestellten ἄγγελος anzufangen? Über diese Mission des Kynikers sagt Epiktet § 23 εἰδέναι δεῖ (sc. τὸν ταῖc ἀληθείαιc Κυνικόν), ὅτι ἄγγελοc ἀπὸ Διὸc ἀπέcταλται πρὸc τοὺc ἀνθρώπουc περὶ ἀγαθῶν καὶ κακῶν ὑποδείξων αὐτοῖc, ὅτι πεπλάνηνται καὶ ἀλλαχοῦ ζητοῦcι τὴν οὐcίαν τοῦ ἀγαθοῦ καὶ κακοῦ, ὅπου οὐκ ἔcτιν· ὅπου δ' ἔcτιν, οὐκ ἐνθυμοῦνται (folgt unmittelbar der κατάcκοπος). Vgl. § 69 ἀπερίcπαcτον εἶναι δεῖ τὸν Κυνικὸν ὅλον πρὸc τῇ διακονίᾳ τοῦ θεοῦ, ἐπιφοιτᾶν ἀνθρώποιc δυνάμενον, οὐ προcδεδεμένον καθήκουcιν ἰδιωτικοῖc οὐδ' ἐμπεπλεγμένον cχέcεcιν, ἃc παραβαίνων οὐκέτι cώcει τὸ τοῦ καλοῦ καὶ ἀγαθοῦ πρόcωπον, τηρῶν δ' ἀπολεῖ τὸν ἄγγελον καὶ κατάcκοπον καὶ κήρυκα τῶν θεῶν. Der Kyniker ist also ein Gesandter Gottes und von diesem ausgeschickt kundschaftet er die Fehler der Menschen aus und sucht sie zu bessern. Es fragt sich, ob wir dieselbe Auffassung bereits für Antisthenes geltend machen dürfen, oder ob Epiktet, sei es aus späteren (stoischen) Quellen, sei es in Erinnerung an die so naheliegende christliche Anschauung (s. u.), den Begriff des Gottgesandten zu dem κατάcκοπος hinzugefügt hat. Aber man vergleiche, was bei Laertius VI 102 von dem Kyniker Menedemos, einem Zeitgenossen des Lykophron, berichtet wird: οὗτος, καθά φηcιν Ἱππόβοτος, εἰς τοcοῦτον τερατείας ἤλαcεν, ὥcτε Ἐρινύος ἀναλαβὼν cχῆμα περιῄει, λέγων ἐπίcκοπος ἀφῖχθαι ἐξ Ἅιδου τῶν ἁμαρτανομένων, ὅπως πάλιν κατιὼν ταῦτα ἀπαγγέλλοι τοῖc ἐκεῖ δαίμοcιν. Bei dieser Fiktion mufsten natürlich an die Stelle der di superi die inferi treten und der κατάcκοπος ist hier ein δαίμων ἐπίcκοπος geworden; aber das göttliche Botschafteramt, welches dieser κακῶν πανουργημάτων ἄφυκτος κύων sich anmafst, erinnert doch an den kynischen ἄγγελος θεῶν bei Epiktet. — Dazu kommt, dafs eine solche Auffassung, wie sie bei Epiktet zu lesen, an und für sich keineswegs dem Antisthenes abgesprochen werden müfste. Im Gegenteil: die

Kyniker sind (wenn man von vereinzelten früheren Äufserungen absieht) die ersten, die die Göttlichkeit des wahren Philosophen nachdrücklich hervorgehoben haben, eine Vorstellung, welche dann bekanntlich besonders von den Stoikern, aber auch von andern Philosophen, übernommen und ausgeführt wurde. Dafs bereits Antisthenes diese Ansicht vertrat, geht aus dem feinen Spott Platons hervor, der mit unzweifelhafter Bezugnahme auf Antisthenes (vgl. Zeller II¹, 326, 4. Schwartz Rh. M. 40, 255, 2) im Politikos 271 D, 275 AC gegen dieselbe polemisiert.¹) Auch an einer anderen Stelle scheint er mir deutlich diese antisthenische Vorstellung zurückzuweisen: Sophist. im Anfang (p. 216 ABC): CΩ. Ἆρ᾽ οὖν, ὦ Θεόδωρε, οὐ ξένον ἀλλά τινα θεὸν ἄγων κατὰ τὸν Ὁμήρου λόγον λέληθας; ὅς φησιν (ρ 485 ff.) ἄλλους τε θεοὺς τοῖc ἀνθρώποιc, ὁπόcοι μετέχουcιν αἰδοῦc δικαίαc, καὶ δὴ καὶ τὸν ξένιον οὐχ ἥκιcτα θεὸν cυνοπαδὸν γιγνόμενον ὕβρειc τε καὶ εὐνομίαc τῶν ἀνθρώπων καθορᾶν. τάχ᾽ οὖν ἂν καὶ cοί τιc οὗτοc τῶν κρειττόνων cυνέποιτο, φαύλουc ἡμᾶc ὄνταc ἐν τοῖc λόγοιc ἐποψόμενόc τε καὶ ἐλέγχων, θεὸc ὤν τιc ἐλεγκτικόc. ΘΕΟΔ. Οὐχ οὗτοc ὁ τρόποc, ὦ Cώκρατεc, τοῦ ξένου, ἀλλὰ μετριώτεροc τῶν περὶ τὰc ἔριδαc ἐcπουδακότων. καί μοι δοκεῖ θεὸc μὲν ἀνὴρ οὐδαμῶc εἶναι, θεῖοc μήν· πάνταc γὰρ ἐγὼ τοὺc φιλοcόφουc τοιούτουc προcαγορεύω. CΩ. Καὶ καλῶc γε, ὦ φίλε. Die Beziehung auf Antisthenes (gegen den auch im weiteren Verlauf des Gesprächs polemisiert wird, vgl. Dümmler 'Antisthenica' p. 44 ff.) scheint mir deutlich genug zu sein: der ἐλεγκτικὸc θεόc erinnert daran, dafs Antisthenes ein Meister im ἐλέγχειν war, wie Xenophon im Symposion c. 4 § 2 ff. dreimal hervorhebt (auch von den späteren Kynikern wird neben dem νουθετεῖν oft

---

1) Diogenes hat, wie es scheint, anknüpfend an seinen Namen seine göttliche Mission betont. Wenigstens deuten darauf hin die Verse des nicht lange nach ihm lebenden Dichters Kerkidas (Bergk PL II⁴ p. 514) ἧc γὰρ ἀλαθέωc | Διογένηc Ζανὸc γένοc οὐράνιόc τε κύων (was G. Süpfle im 'Arch. f. Philos.' IV 422 f. unrichtig als einen „höhnenden Ausfall" betrachtet). Οὐράνιοc κύων wird er genannt auch von Antip. Sid. A. P. XI 158, [Diog.] ep. 7 und Greg. von Naz. carm. hist. 11, 936 ff. (vol. 37 p. 1093 f. Migne); letzterer wendet sich an dieser Stelle gegen den Kyniker Maximus: μεθ᾽ ὧν (nämlich korinthischen Jungfrauen) τὰ θεῖα ἐξήcκου ποτέ | μόνοc μόναιc τε πανcόφωc κινούμενοc, | ἀνθ᾽ ὧν cε θήcω μᾶλλον (l. θήcομ᾽ ἄλλον) οὐρανοῦ κύνα. Als Gesandten der Götter bezeichnet er sich bei Julian or. 7 p. 212 D (doch schreibt dieser wahrscheinlich den Epiktet aus); vgl. im Allgemeinen Weber Lpz. Stud. X 205 f. — Die Stellen für die Göttlichkeit des stoischen Weisen sind oft gesammelt; eine sehr bezeichnende steht noch bei Origenes 'prolegg. in l'salmos' in 'Anal. Sacr.' ed. Pitra II p. 437; Origenes führt hier aus einem sonst unbekannten (vgl. Fabricius bibl. gr. III 564 Harl.) Stoiker Herophilos sieben stoische Definitionen des θεόc an, darunter: κατ᾽ ἄλλον δὲ τρόπον λέγεcθαι θεὸν ζῷον ἀθάνατον λογικὸν cπουδαῖον, ὥcτε πᾶcαν ἀcτείαν ψυχὴν θεὸν ὑπάρχειν, κἂν περιέχηται. ἄλλωc δὲ λέγεcθαι θεὸν τὸ καθ᾽ αὐτὸ ὄν ζῷον ἀθάνατον, ὡc τὰ ἐν ἀνθρώποιc cοφοῖc περιεχομέναc ψυχὰc μὴ ὑπάρχειν θεούc.

das ἐλέγχειν erwähnt[1])); ferner erinnert der Ausfall gegen die περὶ τὰς ἔριδας ἐςπουδακότας daran, daſs Plato gerade dieses wichtige ἐρίζειν in der bittersten Invektive, die er gegen Antisthenes geschrieben hat, im Euthydemos, in der Weise tadelt, daſs er seinen Gegner mit den sophistischen Eristikern auf eine Stufe stellt und abfertigt (vgl. Bonitz 'plat. Stud.'[3] p. 136 f.); endlich ist doch auffällig, daſs Epiktet diss. III 24 den auch in der platonischen Stelle herangezogenen Vers der Odyssee ρ 487 auf Herakles, den göttlichen Vertreter des Kynismus, anwendet: (§ 12 f.) ὁ δ' ἄνθρωπος . . . . . ἔτι κἀκεῖνο ἔςχηκε, τὸ μὴ ἐρρίζῶςθαι μηδὲ προςπεφυκέναι τῇ γῇ, ἀλλὰ ἄλλοτ' ἐπ' ἄλλους ἵεςθαι τόπους, ποτὲ μὲν χρειῶν τινων ἐπειγουςῶν, ποτὲ δὲ καὶ αὐτῆς τῆς θέας ἕνεκα. (13) καὶ τῷ Ὀδυςςεῖ τὸ ςυμβὰν τοιοῦτόν τι ἦν·

πολλῶν δ' ἀνθρώπων ἴδεν ἄςτεα καὶ νόον ἔγνω (α 3)·

καὶ ἔτι πρότερον τῷ Ἡρακλεῖ, περιελθεῖν τὴν οἰκουμένην ὅλην,

ἀνθρώπων ὕβριν τε καὶ εὐνομίην ἐφορῶντα (ρ 487)

καὶ τὴν μὲν ἐκβάλλοντα καὶ καθαίροντα, τὴν δ' ἀντειςάγοντα.

Solche Vermittler zwischen Göttern und Menschen, Boten der Himmlischen, nehmen bekanntlich in dem System der Neuplatoniker eine bedeutende Stellung ein (sie heiſsen ἐπίςκοποι δαίμονες, vgl. Plut. de fato c. 9 p. 573 A und mehr bei Crusius 'de Babrii aetate' p. 218 f. 235), aber die Sage kannte sie schon in früherer Zeit: man denke an den Prolog des plautinischen 'Rudens', wo Arcturus erzählt, daſs er sowie andere Sterngottheiten bei Tag auf der Erde wandeln: (v. 9 ff.) 'quist imperator divom atque hominum Iuppiter, | is nos per gentes aliud alia disparat, | qui facta hominum, animum, mores, pietatem et fidem | noscamus', deren Namen sie dann dem Juppiter hinterbringen. An solche im Volke verbreiteten Vorstellungen mag Antisthenes angeknüpft haben, wenn er sich den κατάςκοπος der Götter nannte.[2])

Bei dieser Auffassung erhält nun κύριος noch einen besonderen Sinn: wie nach uralter Anschauung Zeus πάντων κύριος ist (Pind.

---

[1] Noch von einem der letzten, Sallustios, einem Zeitgenossen des Simplicius, vgl. Suidas s. Cαλλούςτιος φιλόςοφος p. 658 Bernh. πᾶςιν ἐπιτιθέμενος τοῖς ἁμαρτάνουςι, καὶ ὁπωςοῦν ἐκ πάςης προφάςεως ἐλέγχων ἑκάςτους καὶ διακωμῳδῶν, ἐνίοτε μὲν ςπουδάζων, τὰ δὲ πολλὰ τῷ γελοίῳ χαίρων ἤθει καὶ φιλοςκώμμονι. Ähnlich Photius bibl. cod. 242 p. 342, 29 Bekker.

[2] In den Kreisen, in welchen die Göttlichkeit des Philosophen mit ähnlichem Nachdruck betont wurde, findet sich dieselbe Vorstellung: Apollonius von Tyana ist als Sohn des Zeus dessen 'göttlicher Bote' vgl. Baur 'Apollonius und Christus' p. 174 f. Nicht anders faſste die vorpaulinische Lehre den Heiland auf. Und wenn dann weiterhin Origenes (comm. in Iob 20, 29, Pitra Anal. Sacr. II p. 368) den irdischen ἐπίςκοπος mit dem himmlischen ἐπίςκοπος vergleicht, dem er ähnlich werden soll, um zu sein ὡς ἐν ἀνθρώποις θεός, so giebt er (natürlich unabsichtlich) die alte Anschauung getreu wieder.

Isthm. 4, 53 vgl. Heraklit fr. XLIV Byw. mit den testimonia und Bernays 'ges. Abh.' I 90, 3) und die Menschen seine κτήματα, so ist auch der kynische Weise κύριος, weil er weifs, πάντα αὐτοῦ εἶναι τὰ τῶν ἄλλων (Laert. D. VI 11) und weil er, wie es Philo ('de sap. libert.' § 3 vol. II p. 448) einmal ausdrückt, „Nachfolger Gottes auf Erden" ist (ἐπιτετραμμένος τὰ περίγεια, οἷα μεγάλου βασιλέως, θνητὸς ἀθανάτου, διάδοχος).
  Einem Einwand mufs noch begegnet werden. Wie läfst sich mit dieser Auffassung des κατάσκοπος die Thatsache vereinigen, dafs in dem antisthenischen Titel von einer Mehrzahl Kundschafter die Rede ist? Eine sichere Antwort läfst sich darauf nicht geben; doch man erinnere sich der durchgehenden Gegenüberstellung zweier κατάσκοποι in der Diatribe Epiktets (I 24): der Jüngling, der als Kundschafter nach Rom geschickt werden soll, wird ermahnt, sich nicht als einen δειλὸν κατάσκοπον zu zeigen und nicht thörichte Meldung über gleichgültige Dinge zu bringen, sondern den Diogenes nachzuahmen, denn dieser sei οἷος δεῖ κατάσκοπος. Wenn man dann weiter bedenkt, dafs Antisthenes, wie wir noch aus mehreren Titeln erkennen (περὶ Ἑλένης καὶ Πηνελόπης, Ἡρακλῆς καὶ Μίδας), von seiner rhetorischen Laufbahn her die συγκρίσεις und Gegensätze offenbar gern zur Darstellung gebracht hat[1]), (wie auch sein Stil sich gern in Antithesen bewegt) — ein ausführliches Beispiel geben ja die (sicher echten) Reden Αἴας und Ὀδυσσεύς, beide aus seiner sophistischen Periode stammend —, so wird man als wahrscheinlich bezeichnen dürfen, dafs schon Antisthenes den von Menschen abgeschickten φαῦλοι κατάσκοποι den κύριος κατάσκοπος, den Boten der Götter, gegenübergestellt hat.
  Kurz mag noch darauf hingewiesen werden, dafs ein anderer Titel des antisthenischen Schriftenkatalogs in naher Beziehung zu dem soeben behandelten steht. Im achten τόμος, in welchem die auf die Dichterexegese im allgemeinen und speciell die auf die Iliasinterpretation sich beziehenden Schriften des Antisthenes vereinigt waren, lautet ein Titel περὶ κατασκόπου. Es ist nicht ganz sicher, wer gemeint ist, Odysseus oder Dolon. Versteht man ersteren, wie Osann wollte (vgl. A. Müller 'de Antisthenis vita' p. 52), so hat man wieder zwei Möglichkeiten: entweder man denkt mit Osann an die in Od. δ 242 ff. erwähnte Kundschaftsreise des Odysseus oder an seine gemeinsam mit Diomedes ausgeführte nächtliche Expedition

---

  1) Auch seine ganze Dichterexegese (περὶ ἀρετῆς καὶ κακίας, vgl. unten p. 383 f.) erklärt sich hieraus. — Zu dem Titel Ἡρακλῆς καὶ Μίδας vgl. das Apophthegma des Diogenes flor. Monac. 179 (bei Weber Leipz. Stud. X p. 260) ἔφασκεν ἡδονὴν ἀληθῆ εἶναι τὸ τὴν ψυχὴν ἐν ἱλαρότητι καὶ ἡσυχίᾳ ἔχειν, ἄνευ δὲ τούτου οὔτε τὰ Μήδου οὔτε τὰ Κροίσου χρήματα ὠφέλιμα εἶναι, denn hier ist offenbar statt des sinnlosen Μήδου (das Weber a. a. O. unrichtig erklärt) zu lesen Μίδου; dieselbe Korruptel auch an der zweiten Stelle, an der dies Apophthegma überliefert ist (bei Weber a. a. O.).

in II. K.¹) Letzteres ist deshalb unwahrscheinlich, weil in diesem Fall der Singular κατάσκοπος nicht gut zu erklären wäre; nimmt man das erstere an, so müfste der achte Band, soweit er die Homerinterpretation betrifft, auch die in der Ilias nicht mehr erzählten, aber in den trojanischen Krieg fallenden Ereignisse umfafst haben, was nicht sehr glaublich ist, da man nicht einsieht, warum diese That des Odysseus nicht in dem Odyssee-τόμος hätte behandelt werden können.²) Während so die Wahrscheinlichkeit, dafs Odysseus gemeint sei, sehr gering ist, spricht für Dolon, den man gewöhnlich versteht (so schon Mullach fragm. phil. II 273, A. Müller a. a. O. p. 52, Dümmler Antisth. p. 16), ein gewichtiges Zeugnis. Bekanntlich fügte Antisthenes der moralischen Interpretation der homerischen Gedichte ein neues Moment hinzu, indem er die Behauptung aufstellte, der Dichter habe nicht blofs, wie ältere Exegeten (Anaxagoras und besonders dessen Schüler Metrodoros) annahmen, περὶ ἀρετῆς, sondern περὶ ἀρετῆς καὶ κακίας geschrieben.³) Einen

---

1) Homer kennt nur σκοπός (Il. K 38. 324. 342. 526. 561 vgl. C 523), Spätere setzen κατάσκοπος (κατασκοπή, κατασκέπτεσθαι) ein: Antisthenes selbst im Odyss. § 8, Eur. Hec. 239, Rhes 505, Apollodor fragm. Sabbait. Rh. M. 46, 170, 13, Schol. Od. α 262, δ 254, Procl. chrestom. p. 459 Gaisf.
2) Nimmt man es doch an, so mufs man den unmittelbar folgenden Titel dieses τόμος: περὶ ἡδονῆς in derselben Weise erklären, also wahrscheinlich so: die ἀβροδίαιτοι Τρῶες werden von den Griechen, in Sonderheit von Odysseus, dem Vertreter der φρόνησις überwunden, eine Auffassung, welche durch die Darstellung dieses Ereignisses bei Dio Chrys. or. 33 p. 5 ff. nahe gelegt werden könnte, wenn es nur sicher wäre, dafs Dio hier einer kynischen Quelle folgt: die ganze Erfindung kann ebenso gut von ihm selbst herrühren.
3) Auch späterhin blieb diese Methode in Geltung (ebenso wie die zweite ebenfalls von Antisthenes erfundene, dafs der Dichter τὰ μὲν δόξῃ, τὰ δὲ ἀληθείᾳ sage, vgl. Dio Chr. or. 53 p. 276 R.): vgl. Porphyrius quaest. Hom. zu A 225 (p. 10, 9 ff. Schrader), Eudorus bei Arius Did. Stob. ecl. p. 43, 10 W., Ariston bei Sext. adv. math. VII 12, sowie viele Stellen der plutarchischen Schrift πῶς δεῖ τὸν νέον ποιημάτων ἀκούειν; auf Theognis wird, sicherlich ebenfalls in Anlehnung an Antisthenes, dieses Princip angewandt in einem wohl aus den Kreisen der älteren Stoa stammenden Excerpt bei Stob. flor. 88, 14 (III 167, 7 Mein.). Meistens findet nur der eine Gesichtspunkt, dafs der Dichter περὶ ἀρετῆς geschrieben habe, Berücksichtigung; dafür möge hier ein interessantes Beispiel angeführt werden. Basilius giebt in seiner viel zu sehr vernachlässigten Schrift 'de legendis libris gentilium' c. 5 einen förmlichen λόγος προτρεπτικός wieder, wie er auch selbst andeutet: ἢ τί ποτε ἄλλο διανοηθέντα τὸν Ἡσίοδον ὑπολάβωμεν ταυτὶ ποιῆσαι τὰ ἔπη, ἃ πάντες ᾄδουσιν, (Erga 287 ff.) ἢ οὐχὶ προτρέποντα τοὺς νέους ἐπ' ἀρετήν; Zwischen den stereotypen τόποι aus Hesiod, Solon-Theognis, Prodikos' Herakles steht folgendes: ὡς δ' ἐγώ τινος ἤκουσα δεινοῦ καταμαθεῖν ἀνδρὸς ποιητοῦ διάνοιαν (vermutlich einer der Lehrer, die er in Athen hörte), πᾶσα μὲν ἡ ποίησις τῷ Ὁμήρῳ ἀρετῆς ἐστιν ἔπαινος καὶ πάντα αὐτῷ πρὸς τοῦτο φέρει, ὅτι μὴ πάρεργον. οὐχ ἥκιστα δὲ ἐν οἷς τὸν στρατηγὸν τῶν Κεφαλλήνων πεποίηκε γυμνὸν ἐκ τοῦ ναυαγίου περισωθέντα, πρῶτον μὲν αἰδεσθῆναι τὴν βασιλίδα φανέντα μόνον ⟨ἔπειτα δὲ διαλεχθέντα πολλῷ μᾶλλον καταιδέσαι αὐτήν⟩: ähnliches mufs fehlen; die Ergänzung

ausführlichen Bericht über diese Interpretationsart, der vermutlich in der Hauptsache uns die antisthenische Auffassung selbst wiedergiebt (vgl. E. Weber Leipz. Stud. X p. 226 f.), lesen wir in der 55ten Rede Dios (περὶ Ὁμήρου καὶ Cωκράτους) p. 286 ff. Reiske. Von Dolon heifst es dort (p. 286): ὅταν μὲν διηγῆται περὶ Δόλωνος, ὅπως μὲν ἐπεθύμηςε τῶν ἵππων τῶν Ἀχιλλέως...., ὅπως δὲ ἐβάμβαινεν ὑπὸ τοῦ δέους καὶ cυνεκρότει τοὺς ὀδόντας, ὅπως δὲ ἔλεγε τοῖς πολεμίοις, οὐ μόνον εἴ τι ἐρωτῷεν, ἀλλὰ καὶ ὑπὲρ ὧν μηδεὶς ἐπυνθάνετο (man hört den Sokratiker!)...., ταῦτα δὲ λέγων οὕτω σφόδρα ἐναργῶς οὐ περὶ δειλίας ὑμῖν καὶ φιλοδοξίας δοκεῖ διαλέγεσθαι;

In Anbetracht dieses Zeugnisses wird es sich empfehlen, in dem κατάσκοπος den Dolon zu sehen. Diese Vermutung erhält auch dadurch noch eine gewisse Stütze, dafs von den vier auf die Ilias bezüglichen Titeln zwei (περὶ ἀδικίας καὶ ἀσεβείας[1]), περὶ ἡδονῆς) nur die κακία betreffen.

Jedenfalls aber ist nicht ohne Absicht von Antisthenes die Schrift betitelt περὶ κατασκόπου, nicht περὶ Δόλωνος. Einen Grund mufs das haben, denn die übrigen auf Homer bezüglichen Titel nennen entweder die betreffende Person (z. B. περὶ Κάλχαντος, περὶ Κύκλωπος) oder den ethischen Begriff, über den disputiert

ergiebt sich aus Greg. v. Naz. carm. περὶ ἀρετῆς [vol. 37 p. 680 ff. Migne] v. 401 ff., der dort entweder diese Schrift des Basilius benutzt oder denselben mit diesem zusammen in Athen gehörten Vortrag wiedergiebt: ὀφθεὶς ἀλήτης τῇ βασιλίδι γυμνός | καταιδέσας δὲ τῷ λόγῳ τὴν παρθένον, etwas anders Epiktet diss. III 26, 33〉, τοσούτου δεῖν αἰσχύνην ὀφλῆσαι γυμνὸν ὀφθέντα, ἐπειδήπερ αὐτὸν ἀρετῇ ἀντὶ ἱματίων κεκοσμημένον ἐποίησε (das klingt doch ganz antisthenisch; ganz ebenso Johannes Chrysostomus 'adv. oppugnatores vitae monasticae' c. 5 vol. 47 p. 338 οὐδὲ γυμνὸν δεῖξαι δυνήσῃ, ἕως ἂν τὰ τῆς ἀρετῆς ἱμάτια περικείμενος ᾖ). ἔπειτα μέντοι καὶ τοῖς λοιποῖς Φαίαξι τοσούτου ἄξιον νομισθῆναι, ὥστε ἀφέντας τὴν τρυφὴν ἢ συνέζων ἐκεῖνον ἀποβλέπειν καὶ ζηλοῦν ἅπαντας καὶ μηδένα Φαιάκων ἐν τῷ τότε εἶναι ἄλλο τι ἂν εὔξασθαι μᾶλλον ἢ Ὀδυσσέα γενέσθαι καὶ ταῦτα ἐκ ναυαγίου περισωθέντα. ἐν τούτοις γὰρ ἔλεγεν ὁ τοῦ ποιητοῦ τῆς διανοίας ἐξηγητὴς μονονουχὶ βοῶντα λέγειν τὸν "Ὅμηρον ὅτι 'ἀρετῆς ὑμῖν ἐπιμελητέον, ὦ ἄνθρωποι, ἣ καὶ ναυαγήσαντι συνεκνήχεται (dies ist ein Apophthegma, welches Laert. D. VI 6 dem Antisthenes zuschreibt, aber die Mehrzahl der Schriftsteller dem Aristipp; vgl. Sternbach 'gnomol. Vat.' n. 23 in Wien. Stud. IX p. 187) καὶ ἐπὶ τῆς χέρσου γενόμενον γυμνὸν τιμιώτερον ἀποδείξει τῶν εὐδαιμόνων Φαιάκων. καὶ γὰρ οὕτως ἔχει · τὰ μὲν ἄλλα τῶν κτημάτων οὐ μᾶλλον τῶν ἐχόντων ἢ καὶ οὑτινοσοῦν τῶν ἐπιτυχόντων ἐστὶν ὥσπερ ἐν τῇ παιδιᾷ κύβων τῇδε κἀκεῖσε μεταβαλλόμενα, μόνη δὲ κτημάτων ἡ ἀρετὴ ἀναφαίρετον (vgl. Antisth. 'Herakles' ἀναφαίρετον ὅπλον ἀρετή bei Laert. D. VI 12) καὶ ζῶντι καὶ τελευτήσαντι παραμένουσα. ὅθεν δὴ καὶ ὁ Σόλων κτλ.

1) Als Beispiel für die ἀσέβεια führt Dio a. a. Ο. p. 287 den Pandaros an, doch scheint die ἀδικία dieser Interpretation des antisthenischen Titels zu widersprechen. A. Müller p. 52 und Dümmler p. 16 denken an Agamemnon, doch halte ich auch dies für nicht wahrscheinlich, da Antisthenes ihn bei Xenoph. Symp. 2, 6 lobt; vgl. jetzt Dümmler selbst Philol. N. F. IV p. 294 f.

wird (z. B. περὶ ἡδονῆς, περὶ μέθης).[1]) Wenn nun in unserer Schrift statt Dolon der allgemeine Begriff κατάσκοπος gesetzt ist, so hat Antisthenes ohne Zweifel damit auf die Bedeutung hinweisen wollen, welche er diesem Begriff zuschrieb. Es ist ja klar, dafs sämtliche sich mit der Dichtererklärung beschäftigenden Schriften des Antisthenes (wie überhaupt der Philosophen) nicht den Plan verfolgen, den Dichter objektiv zu interpretieren, sondern in ihm, so gut es eben gehen wollte, die Gedanken wiederzufinden, die gefunden werden sollten: aufser in den Kreisen der zünftigen Grammatiker ist die Dichterexegese nicht Selbstzweck, sondern Mittel zum Zweck gewesen, und dieser Standpunkt wurde allgemein gebilligt. An dem Beispiel des Dolon konnte Antisthenes zeigen, was Epiktet I 24 ganz ähnlich an einem (nicht genannten) δειλὸς κατάσκοπος exemplificiert: οἷος οὐ δεῖ εἶναι κατάσκοπος.

---

[1] Eine Ausnahme macht der den Odyssee-τόμος eröffnende Titel περὶ τῆς ῥάβδου. Derselbe nimmt auch sonst eine singuläre Stellung ein, insofern er der einzige ist, welcher die sonst genau dem Gang der Handlung sich anschliefsende Reihenfolge der Titel stört; denn der nächstfolgende Titel Ἀθηνᾶ ἢ περὶ Τηλεμάχου bezieht sich natürlich auf Buch γ, eine ῥάβδος wird aber zum ersten Male ε 47 erwähnt. Die Schwierigkeit wird noch vermehrt durch die Unbestimmtheit des Titels: denn welche ῥάβδος ist gemeint, die der Athene oder der Kirke oder des Hermes? Steht der Titel an richtiger Stelle — und daran zu zweifeln, ist doch ganz unbegründet, zumal bei einer Umstellung immer noch die Unbestimmtheit des Ausdrucks bliebe —, so mufs Antisthenes ihm diesen hervorragenden Platz absichtlich gegeben haben. Als Vermutung darf vielleicht geäufsert werden, dafs er die in 5 verschiedenen Büchern der Odyssee erwähnten ῥάβδοι alle zusammen behandelt hat (ähnlich war die Anlage der Ζητήματα des Porphyrios), indem er sie unter éinem gemeinsamen Gesichtspunkte zusammenfafste; dann würden wir verstehen, was er mit der ῥάβδος meinte: denn die 'virgula divina' hat, wie ich glaube wahrscheinlich gemacht zu haben (Fleck. Jahrb. Suppl. XVIII p. 320 f.), bei den Kynikern und Stoikern eine besondere Bedeutung: wer sie d. h. die ἀρετή besitzt, dem werden alle Güter leicht zu teil, wie durch eine Wünschelrute. Vgl. auch das rätselhafte Apophthegma des Antisthenes (Laert. D. VI 4): ἐρωτώμενος διὰ τί ὀλίγους ἔχει μαθητάς; ἔφη, ὅτι ἀργυρέᾳ αὐτοὺς ἐκβάλλω ῥάβδῳ, was verständlich wird, sobald man ῥάβδος im angegebenen Sinne nimmt, denn das Tugendideal des Antisthenes thront auf schwer zugänglichen Felsen, die zu erklimmen nur Sache weniger ist. Wenn man endlich bedenkt, dafs die gelehrte Bibelerklärung seit Philo und Origenes sowohl in sachlicher wie in grammatisch-sprachlicher Beziehung durchaus sich an die von den Homerexegeten aufgestellten Normen anschliefst, so gewinnt im vorliegenden Fall der Umstand Bedeutung, dafs Johannes Chrysostomus in der Auslegung des 109. Psalms (vol. 5 p. 268 f. Migne) bei den Worten v. 2 ῥάβδον δυνάμεως ('virgam virtutis' übersetzt Hieronymus) ἐξαποστελεῖ σοι Κύριος ἐκ Σιών, κατακυρίευε ἐν μέσῳ τῶν ἐχθρῶν σου eine längere Untersuchung über alle im alten und neuen Testament erwähnten ῥάβδοι anstellt.

## II.
## Zu den Briefen des Heraklit und der Kyniker.
### 1. Der vierte heraklitische Brief.

In seinem Buch über 'die heraklitischen Briefe' (Berlin 1869) hat Bernays[1]) nachgewiesen, dafs der 4., 7. und 9. Brief von einem Juden oder Christen[2]) gefälscht ist. Wenn man auch einzelnen seiner Gründe nicht unbedingt beistimmen wird[3]), so sind sie in ihrer Gesamtheit doch von solchem Gewicht, dafs man an der Richtigkeit des Resultats kaum wird zweifeln können.

Einer gewissen Modifikation scheint mir die Ansicht von Bernays

1) Nach ihm hat denselben Gegenstand behandelt Pfleiderer Rh. M. 42, 153 ff. Doch dürfte diese Abhandlung schwerlich jemanden überzeugt haben.

2) Das läfst sich, wie so oft in den ersten Jahrhunderten unserer Zeitrechnung, nicht mit Sicherheit entscheiden. Dafs die Christen die heraklitische Philosophie nicht unbedingt verwarfen, können wir noch aus manchen Andeutungen schliefsen. Justin sagt (apol. I c. 64 p. 128³ Otto) οἱ μετὰ λόγου βιώcαντες Χριστιανοί εἰcι, κἂν ἄθεοι ἐνομίσθησαν, οἷον ἐν Ἕλλησι μὲν Σωκράτης καὶ Ἡράκλειτος. Origenes (contra Celsum I 5) zählt ihn zu denen, in deren Herzen Gott ein Gefühl für das Richtige eingepflanzt habe. Bekannt ist ja auch, dafs viele Fragmente Heraklits sich gerade bei christlichen Schriftstellern finden. Ohne ihn zu citieren ahmt Gregor v. Nazianz eine berühmte Stelle nach in dem Gedicht περὶ τῆς ἀνθρωπίνης φύσεως (carm. mor. 14, vol. 14 p. 755 ff. Migne) V. 27 ff.

ἔμπεδον οὐδέν· ἔγωγε ῥόος θολεροῦ ποταμοῖο
αἰὲν ἐπερχόμενος ἑστάως οὐδὲν ἔχων.
οὔτε δὶς, ὃν τοπάροιθε, ῥόον ποταμοῖο περήσεις
ἔμπαλιν, οὔτε βροτὸν ὄψεαι, ὃν τὸ πάρος

(vgl. fr. 41 Byw. — Die Worte οὔτε βροτὸν ὄψεαι, ὃν τὸ πάρος bestätigen die Auseinandersetzung von Bernays 'ges. Abh.' I 109 ff.). S. auch die folgenden Verse.

3) Für sich allein betrachtet würde wenigstens der 9. Brief nicht ohne Weiteres Anlafs zum Verdacht nichtheidnischen Ursprungs geben. Bernays nimmt eine jüdische Fälschung an wegen der unerhörten Heftigkeit, mit welcher der Verfasser gegen den ephesischen Artemiskult eifert (§ 4): πόσῳ κρείσσονες Ἐφεσίων λύκοι καὶ λέοντες· οὐκ ἐξανδραποδίζονται ἀλλήλους οὐδὲ ἐπρίατο ἀετὸς ἀετόν, οὐδὲ λέων λέοντι οἰνοχοεῖ, οὐδὲ ἐξέτεμε κύων κύνα, ὡς ὑμεῖς τὸν τῆς θεοῦ Μεγάβυζον, φοβούμενοι τῇ παρθενίᾳ αὐτῆς ἄνδρα ἱεράσθαι. πῶς ἀσεβήσαντες εἰς φύσιν εὐσεβεῖτε εἰς Ἑόανον; ἢ ἵνα θεοῖς καταρᾶται πρῶτον ὁ ἱερεὺς ἀφῃρημένος τὸν ἄνδρα; κατέγνωτε καὶ τῆς θεοῦ ἀκρασίαν, εἰ φοβεῖσθε ὑπ' ἀνδρὸς αὐτὴν θεραπεύεσθαι. Das ist allerdings der Ton, den man z. B. bei Tertullian und Arnobius gewöhnt ist, aber man denke doch auch an die Fragmente aus dem Dialog Senecas 'de superstitione', den Augustin mit solchem innern Behagen citiert, oder an die frivolen Äufserungen des Syrers Lukian im Ζεὺς ἐλεγχόμενος, oder an die von Eusebius ausgeschriebenen Fragmente der γοήτων φώρα des Oenomaus. Trotzdem wird man daran festhalten, dafs der Brief gefälscht ist, wenn man einmal weifs, dafs in der Sammlung der heraklitischen Briefe thatsächlich solche Produkte vorhanden sind; in diesem Fall hat der Analogieschlufs seine Berechtigung, ein auf sich selbst gestelltes Argument bietet dieser Brief nicht.

nur beim 4. Brief zu bedürfen. Den nichtheidnischen Ursprung desselben verrät eine Invektive gegen die Volksgötter (§ 1 f.), die von einer Bitterkeit und Schärfe ist, wie sie bei keinem griechischen Philosophen selbst der extremsten Richtung vorausgesetzt werden darf. Nun behauptet aber Bernays, dafs in ebendemselben Brief gewisse Dinge ständen, die man wiederum nur bei einem heidnischen Schriftsteller erwarten könne; es folge also, dafs ein Bibelgläubiger nicht den ganzen Brief verfafst, sondern einen ihm vorliegenden Brief eines heidnischen Schriftstellers blofs interpoliert habe. Zur Begründung dieser Ansicht bemerkt er p. 27: „Ein Anhänger der Bibel würde sicherlich nicht unnötiger Weise sich mit der Mythologie verfangen und jeden Tugendhelden für einen Gemahl der Hebe erklärt haben. Auch zu der Verherrlichung des Herakles konnte er sich nicht sonderlich aufgelegt fühlen." Um dies zu widerlegen, sollen einige Beispiele aus jüdischen und christlichen Schriftstellern sowohl der freieren als der streng orthodoxen Richtung angeführt werden, die zeigen können, dafs in diesen Kreisen keineswegs so rigoros gedacht wurde, wie Bernays annimmt, dafs vielmehr teils ohne alle Scheu die heidnische Mythologie in die Untersuchung hereingezogen wurde, teils unbewufst manchem Strenggläubigen eine Äufserung in die Feder kam, die er eigentlich nicht verantworten konnte.

Zunächst mufs nun darauf hingewiesen werden, dafs die griechischen Götter- und Heldensagen von dem Schreiber unseres Briefes in allegorischer Umdeutung vorgetragen werden. Ausdrücklich wird die volkstümliche Anschauung von Herakles zurückgewiesen (§ 3): Ἡρακλῆς δὲ οὐκ ἄνθρωπος ἐγεγόνει; ὡς μὲν Ὅμηρος ἐψεύσατο, καὶ ξενοκτόνος. ἀλλὰ τί αὐτὸν ἐθεοποίησεν; ἡ ἰδία καλοκἀγαθία καὶ ἔργων τὰ γενναιότατα τοσούτους ἐκτελέσαντα ἄθλους. Ebenso wird (§ 4 f.) von Hebe gesagt, es sei nicht die Gattin des Herakles zu verstehen, sondern: πολλὰς ἀρετὴ γεννᾷ καὶ Ὁμήρῳ ἔδωκεν ἄλλην καὶ Ἡσιόδῳ ἄλλην, καὶ ὅσοι ἂν ἀγαθοὶ γένωνται, ἑνὶ ἑκάστῳ ςυνοικίζει παιδείας κλέος. Nun liebten aber Juden und Christen sowohl im allgemeinen die allegorische Aus- und Umdeutung als auch speciell die des Heraklesmythus, in den schon früh eine so harmlose und allgemeingültige moralische Anschauung hineingelegt wurde, dafs kein von sittlichen Ideen erfüllter Mensch Grund hatte, seine Voraussetzungen und Konsequenzen für bedenklich zu halten. Die prodiceische Allegorie der zwei Wege hat den Christen aufserordentlich gefallen; sie findet sich bereits im Ev. Matth. 7, 13 f., dann im Barnabasbrief c. 18 ff., in der Διδαχή c. 1—6, in den Homilien des sog. Clemens Romanus p. 83, 29 Lag. und in einer eignen Schrift 'Duae viae vel iudicium Petri' (Hilgenfeld N. T. extra can. rec. fasc. IV 1866 p. 95 ff.). Wenn in diesen Stellen natürlich der Name des Herakles fehlt, so findet sich derselbe nicht nur bei dem freier denkenden Justin (apol. II 49 C ff.), sondern auch bei einem in diesen Dingen sonst sehr strengen Richter, bei Basilius in der Schrift 'de legendis libris gentilium' c. 4 (vol. 31 p. 573 Migne), wo er den Nutzen hervorhebt, den christliche Kinder aus diesem Heraklesmythus des Prodikos ziehen könnten. Auch das kynisch-stoische Idealbild des Herakles, welches in unserer Briefstelle anklingt, hat in jüdisch-christlichen Kreisen Anerkennung gefunden. Philo scheut sich nicht, in der Schrift 'de libert. sap.' § 15 (vol. II p. 461 Mang.) aus irgend einer kynischen oder stoischen Quelle ein begeistertes ἐγκώμιον auf Herakles einzufügen und Justin (apol. I c. 54 p. 146³f. Otto) sagt, Herakles und andere, die nach der populär-philosophischen Auffassung wegen ihres tugendhaften Lebens in den Olymp aufgenommen wurden (Dionysos, Asklepios, Perseus, Bellerophon), seien von den Heiden infolge einer verkehrten Ausdeutung gewisser Stellen des alten Testaments für den erwarteten Messias gehalten worden.

Das Hineinziehen heidnischer Mythologie beschränkte sich aber nicht auf den Heraklesmythus. Wenn man von denjenigen Schriftstellern absieht, welche mit allen ihren Sympathien dem Hellenismus auch nach der Taufe zugethan waren und daher ohne Scheu die Ideen desselben reproducierten[1]), so muſs man drei Klassen von Schriften unterscheiden: 1. solche, die sich an ein gröſseres Publikum wenden, 2. solche, die in ihrer Form der Antike sehr nahe stehen und endlich 3. solche, die ausschlieſslich für Besucher der Synagoge oder der Kirche bestimmt sind. Für jede dieser drei Klassen sollen einige Beispiele angeführt werden. Philo spricht in der Schrift 'de providentia', die weniger für Juden als für die philosophisch gebildeten Heiden bestimmt ist (vgl. Cumont 'Philo de aeternitate mundi' praef. p. VIII f.), von Zeus (6 mal), Hermes, Ares, Aphrodite u. a. so ohne jegliche Nebenbemerkung, die den Bibelgläubigen verriete, daſs man lange gerade auf dieses Argument gestützt den philonischen Ursprung dieser Schrift in Frage stellte. — Zu der zweiten Klasse gehören alle die Schriften, welche nicht in der Form von Predigten abgefaſst sind, sondern sich in den altüberkommenen Bahnen bewegen, besonders also alles Rhetorische, Briefe und Gedichte in antiken Metren. Es ist begreiflich, daſs Beispiele hierfür überaus zahlreich sind, denn im Jugendunterricht lieſs man bekanntlich die von Alters her überlieferten Formen bis in die späteste Zeit[2]) unangetastet und was der Knabe

---

1) Manches hierüber hat, freilich in recht naiver Weise, zusammengestellt Hottinger 'dissertationum miscellanearum πεντάc' (1654) in der Abhandlung, die betitelt ist 'de abusu patrum'; er will hier nachweisen, daſs man mit der Lektüre der Kirchenväter vorsichtig sein müsse, da sie oft „omnia ea quae vel Gentilismi vel Iudaismi post conversionem suam retinuerint rudera, non defendant tantum sed et iisdem errores suos incrustent (p. 12)". Anders bei Usener 'anecd. Holderi' p. 48 ff. und Boissier 'la fin du paganisme à l'occident' I (1891) p. 234 ff. 381 ff.; für die spätbyzantinische Zeit (wo der Hellenismus längst eine rein historische Thatsache geworden war und keine Skrupel mehr verursachen konnte), vgl. Draeseke Z. f. wiss. Theol. 1889 p. 320.

2) Das Edikt Justinians (um 527), worin streng verboten wurde, die Kinder von nicht orthodoxen Lehrern erziehen zu lassen (cod. Iust. I 5, 18;

und Jüngling gelernt, wofür er durch die Vorträge des Lehrers begeistert worden war[1]), das konnte er als Mann nie vergessen und oft wider den eigenen Willen gedachte er dessen, was er eigentlich nicht denken durfte.[2]) So scheut sich Gregor von Nazianz nicht, in seinen Briefen und Gedichten, wo er sich freier gehen lassen konnte,

---

11, 10) schnitt scharf ein; denn, wie Schultze 'Gesch. d. Untergangs des griech.-röm. Heidentums' 1 p. 443 richtig bemerkt, war damit die Wirksamkeit der heidnischen Lehrer so gut wie aufgehoben; diesem Edikt steht die Schliefsung der Philosophenschule in Athen würdig zur Seite und diese Erlasse hatten denn auch in Verbindung mit anderen Umständen zur Folge, dafs nicht lange nach Justinian die grofse öde Epoche, die sich über 2 Jahrhunderte erstreckte (vgl. Krumbacher 'Byz. Litt.-Gesch.' p. 7 f.), einsetzte, während im Abendlande, bekanntlich vor allem in Gallien, dank der Bemühungen von einzelnen freier Gesinnten die klassische Bildung der kirchlichen noch so überlegen war, dafs Cassiodorius in der Vorrede zu seiner 'institutio divinarum litterarum' sagen konnte: Erklärer der heiligen Schriften fehlten, 'cum mundani auctores celeberrima procul dubio traditione pollerent'. Wohl waren schon im 4. Jh. warnende Stimmen laut geworden, die auf die Gefahren z. B. der athenischen Universität für die christliche Gesinnung hinwiesen, vgl. z. B. Gregor v. Nazianz Rede 43 c. 14. 15 und über den Schulunterricht im Allgemeinen die interessante Erörterung Augustins Conf. I c. 16, aber glücklicherweise waren die Fundamente eines Philo, Clemens und Origenes zu fest gegründet und zu sehr auf dem historischen Entwicklungsgang der christlichen Kirche basiert, als dafs ein Versuch, wie ihn Johannes Chrysostomus machte, hätte Erfolg haben können: ihm nämlich, dem erbittertsten Gegner des Heidentums im 4. Jh., war es vorbehalten, in einer Rede 'wider die Verächter des Mönchswesens' den Vorschlag zu machen, die Kinder statt zu weltlichen Lehrern 10—20 Jahre zu den Mönchen zu schicken (l. III c. 18 vol. 1 p. 379 ff. Migne): doch scheiterte diese unglaubliche, aus einer völligen Verkennung der thatsächlichen Verhältnisse hervorgegangene Idee, auf die der Fanatiker dann auch nie wieder zurückgekommen ist (vgl. Puech, St. Jean Chysostome [Paris 1891] p. 131 f.).
1) Vgl. z. B. die Schrift des Basilius 'de legendis libris gentilium'.
2) Charakteristisch ist, was etwa um 430 Cassian schreibt in seinen 'conlationes' XIV c. 12 (vol. II p. 414 ed. Petschenig): 'speciale impedimentum salutis accedit per illam quam tenuiter videor attigisse notitiam litterarum, in qua me ita vel instantia paedagogi vel continuae lectionis maceravit intentio, ut nunc mens mea poeticis illis velut infecta carminibus illas fabularum nugas historiasque bellorum, quibus a parvulo primis studiorum imbuta est rudimentis, orationis etiam tempore meditetur, psallentique vel pro peccatorum indulgentia supplicanti aut impudens poematum memoria suggeratur aut quasi bellantium heroum ante oculos imago versetur, taliumque me phantasmatum imaginatio semper illudens ita mentem meam ad supernos intuitus adspirare non patitur, ut cotidianis fletibus non possint expelli'. Eine zusammenfassende Untersuchung über den Kreis der antiken Litteratur, der in diesen Zeiten im Unterricht wie in der Unterhaltungslektüre der Christen üblich war, fehlt (für Gallien vgl. Georg Kaufmann, 'Rhetorenschulen und Klosterschulen oder heidnische und christliche Cultur in Gallien während des 5. und 6. Jahrhunderts' in F. v. Raumers Histor. Taschenbuch 4. Folge 10. Jahrg. 1869, 3—94), obgleich sich manches Interessante dabei ergeben würde, vgl. z. B. die Verse in dem anonymen Gedicht 'de perversis aetatis suae moribus epistola ad Salmonem' (gedruckt in 'Poetae Christiani minores' ed. Vindob. p. 503 ff.) 76 ff. (angeführt von Schultze a. a. O. p. 421, 3).

von Herakles, Eurystheus, Tantalus, Alkinous, Meleager, Achilleus, den Lotophagen und Aleuaden, ja sogar von Pluton als Gott der Unterwelt (epigr. 129, 7 = vol. 38 p. 81) zu sprechen.[1]) Je länger einer den Unterricht in einer Rhetorenschule genossen hatte, um so laxer sind seine Anschauungen: wie um 500 in Gallien Ennodius ohne jedes Bedenken in seinen 'dictiones' die verfänglichsten Themen antiker Mythologie behandelt, so wendet um dieselbe Zeit in Gaza Choricius die hellenischen Götter- und Heldensagen im weitesten Umfang in seinen μελέται und epideiktischen Reden an (vgl. z. B. p. 42, 87, 88, 99, 239 ff. Boiss.). — Begreiflicherweise sind die Fälle der dritten Art am seltensten, doch fehlen sie nicht ganz: Philo 'de Abrah.' § 11 (II p. 9) und 'vit. Mos.' l. II § 1 (II p. 135) spricht von den Charitinnen, interpretiert 'de opif. dei' § 45 (I p. 31) den Demeterhymnus allegorisch und spielt in der Schrift 'de ebrietate' (die eine Mittelstellung zwischen den exoterischen und esoterischen einnimmt) auf die Triptolemossage an (fr. 6 in Wendlands 'Neu entdeckten Fragmenten Philos' p. 23 f.), obgleich er sie anderswo ('de praem. et poen.' § 2, II p. 409) als πλάcμα τῶν εἰωθότων τερατεύεcθαι verwirft. Gregor von Nazianz zieht in der ersten der beiden Invektiven gegen Julian, die allerdings wohl auf weitere Kreise berechnet sind, aber sich zunächst doch an Christen wenden, die heidnische Mythologie hinein (obgleich er sonst gerade in dieser Rede heftig gegen sie eifert): c. 94 (vol. 35 p. 625) τὴν ὕδραν δὲ οὐδεὶc πώποτε εἶπεν ἥμερον, ὅτι ἐννέα κεφαλὰc ἀντὶ μιᾶc προὐβάλλετο, εἴ τι τῷ μύθῳ πειcτέον, οὐδὲ τὴν Παταρικὴν Χίμαιραν, ὅτι τρεῖc καὶ ἀνομοίουc, ὥcτε εἶναι φοβερωτέραν, ἢ τὸν ἐν Ἅιδου Κέρβερον ... ἢ τὴν Cκύλλαν. Dafs endlich Choricius nicht blofs, wie erwähnt, in seinen rhetorischen Schriften die heidnische Mythologie verwendete, sondern auch in seinen theologischen Traktaten, können wir, da sich von den letzteren nichts erhalten zu haben scheint, nicht mehr nachweisen, es wird aber bezeugt von Photius bibl. cod. 160: ἔcτι δὲ καὶ τῆc εὐcεβείαc ἐραcτὴc (näml. Choricius) τὰ Χριcτιανῶν ὄργια καὶ τεμένη τιμῶν· πλὴν οὐκ οἶδ' ὅπωc ὀλιγώρωc καὶ λόγῳ cὺν οὐδενὶ μύθουc καὶ ἱcτορίαc Ἑλληνικάc, οὐ δέον ὄν, ἐγκαταμίγνυcι τοῖc ἑαυτοῦ cυγγράμμαcιν, ἔcτιν ὅτε καὶ ἱερολογῶν.[2])

---

1) Besonders aus lateinischen Dichtern liefse sich die Zahl der Beispiele leicht vermehren, doch kommt es mir mehr darauf an, die Hauptrichtungen zu skizzieren, innerhalb derer sie zu finden sind.

2) Ganz auszuschliefsen waren von der obigen Auseinandersetzung Sprichwörter und sprichwörtliche Redensarten, die selbst von den rigorosesten Schriftstellern nicht ganz gemieden werden, vgl. z. B. Hippolytus comm. exeg. in Susannam c. 2 (Anal. Sacr. ed. Pitra II p. 255): πρὸc δύο τινὰc πρεcβυτέρουc, ἀνόμουc κριτὰc καταcτάνταc ἐν τῷ Ἰουδαίων λαῷ, τὸν ἀγῶνα ὑπέcτη (Susanna) καὶ τὴν Ἡρακλέουc ἀτεχνῶc παροιμίαν νικήcαcα. Selbst Cassian, der seinem übertriebenen Standpunkte gemäfs nicht einmal den Namen eines heidnischen Autors in seinen Schriften duldet (für Cicero sagt er beim Citieren einer gar nicht berührten Stelle aus den

Nach dieser Abschweifung kehren wir wieder zu dem heraklitischen Briefe zurück; dafs das Hineinziehen der heidnischen Mythologie nicht unbedingt die Autorschaft eines Christen oder Juden ausschliefst, wird nach den soeben angeführten Beispielen niemand mehr bezweifeln.

Ebensowenig Gewicht haben die übrigen Argumente, die von Bernays vorgebracht worden sind. „Noch weniger hätte er (der Epistolograph) es sich gestattet, dem Heraklit wegen der Tugendkämpfe, die er siegreich bestanden, eine ähnliche Vergötterung, wie sie Herakles zu teil geworden, ansprechen zu lassen." Um dies zu widerlegen, genügt es, aufser auf das bereits oben (p. 381, 2) über diesen Punkt Gesagte zu verweisen auf eine völlig gleichartige Ausführung Philos 'de sap. lib.' § 7 (vol. II p. 452), die ganz ähnlich in der rein theologischen Schrift 'quod deterius potiori insidiari soleat' § 44 (vol. I p. 222) wiederkehrt: nachdem er an der ersten Stelle über die Freundschaft, die den Weisen mit Gott vereinigt, ganz im Sinne der Stoiker gehandelt hat, führt er fort: νεανικώτερον δὲ ὁ τῶν Ἰουδαίων νομοθέτης προςυπερβάλλων, ἅτε γυμνῆς ὡς λόγος ἀςκητής φιλοςοφίας, τὸν ἔρωτι θείῳ κατεςχημένον καὶ τὸ Ὂν μόνον θεραπεύοντα οὐκέτι ἄνθρωπον, ἀλλὰ θεὸν ἀπετόλμηςεν εἰπεῖν·[1]) ἀνθρώπων μέντοι θεόν, οὐ τῶν τῆς φύςεως μερῶν, ἵνα τῷ πάντων καταλείπῃ πατρὶ τὸ θεὸν εἶναι.

Als drittes Argument führt Bernays an: „Endlich wird in dem gröfsten Teil des Briefes die Bildung als das letzte Ziel alles Strebens in einer Weise gepriesen, die sich mehr für einen Philosophenschüler als für einen Synagogen- oder Kirchenbesucher des ersten Jahrhunderts nach Chr. zu schicken scheint." Allerdings hebt der Schreiber des Briefes zweimal (§§ 4, 5) seine παιδεία gegenüber der ἀπαιδευςία der übrigen (§§ 1, 2 ö.) hervor; aber abgesehen davon, dafs beide Begriffe bereits in früher Zeit eine allgemeinere Bedeutung annahmen, so dafs sich παιδεία etwa mit dem lateinischen 'humanitas' deckt: selbst wenn man παιδεία im eigentlichen Sinn fafst, liegt kein Grund zu der Bernays'schen Schlufsfolgerung vor. Denn Juden und Christen schon des ersten Jahrhunderts haben das Wort so angewendet, und zwar in der Weise, dafs sie behaupteten, im Besitz der wahren παιδεία zu sein. So stellt Philo oft den προπαιδεύματα (den 'artes liberales') die wahre παιδεία, d. h. die Kenntnis göttlicher Dinge gegenüber und Tatian or. ad gent. c. 12 (p. 14, 8 Schwartz) sagt: τὰ δὲ τῆς ἡμετέρας παιδείας ἐςτὶν ἀνωτέρω τῆς κοςμικῆς καταλήψεως, c. 35

---

Verrinen 'ille' in der Schrift contra Nestorium VI 10, 5), hat 'de institutis coenobiorum' V 31 den Ausdruck 'Lethaeo quodam sopore' durchschlüpfen lassen. Daher kann es erst recht nicht Wunder nehmen, wenn ein etwas laxerer Schriftsteller wie Gregor von Nazianz in der 18. Homilie c. 6 p. 992 das sprichwörtliche τὰς Βριάρεω χεῖρας ἐπιβάλλειν τοῖς δημοςίοις anwendet.

1) Exod. 7, 1 καὶ εἶπε Κύριος πρὸς Μωυςῆν λέγων Ἰδοὺ δέδωκά ςε θεὸν Φαραώ.

(p. 37, 17) μὴ γὰρ δυσχεράνητε τὴν ἡμετέραν παιδείαν. Von den späteren christlichen Schriftstellern (besonders Clemens und Origenes) wurde diese Vorstellung von der wahren christlichen παιδεία dann weiter ausgeführt; doch da dies jedenfalls über die Zeit hinausgreift, innerhalb welcher dieser Brief geschrieben sein mufs, braucht hier nicht näher darauf eingegangen zu werden. Einen unmittelbaren Anlafs, die παιδεία Heraklits zu preisen, konnte übrigens der Epistolograph aus einem Apophthegma entnehmen, welches gewifs nicht von Heraklit herrührt, aber damals wohl schon unter seinem Namen ging (fr. CXXXV Byw., gnomol. Vat. ed. Sternbach in Wien. Stud. X p. 250 u. 314): Ἡράκλειτος τὴν παιδείαν ἕτερον ἥλιον εἶναι τοῖς πεπαιδευμένοις ἔλεγεν.

## 2. Der 28. Brief des Diogenes.

Bevor wir uns zur Besprechung dieses Briefes wenden, mufs kurz die Stellung charakterisiert werden, welche die Kynikerbriefe in ihrer Gesamtheit in der Geschichte des Kynismus einnehmen. Von einer kynischen „Philosophie" kann nach Antisthenes eigentlich nicht mehr geredet werden, da die Abkehr von jeglicher theoretischen Beschäftigung jede rein wissenschaftliche Produktivität ausschlofs. Nicht viel anders war es mit den Schicksalen der epikureischen Philosophie nach dem Tode ihres Stifters; doch besteht ein Unterschied zwischen beiden Richtungen, der für ihren beiderseitigen späteren Verlauf entscheidend gewesen ist. Die epikureische Philosophie war von vornherein auf einen kleinen Kreis von Anhängern berechnet, der Kynismus wollte auf die grofse Masse wirken. Daher hat jene nie in das öffentliche Leben eingegriffen und je gespannter im Laufe der Jahrhunderte sich die Gedanken der Menschen auf die grofsen von innen und aufsen drohenden Gefahren hinwandten, um so mehr zog sich die kleine Schar, die wenigstens in principiellen Fragen getreu an den Satzungen des Meisters wie an den Orakeln eines Gottes festhielt, in die Verborgenheit zurück, um schliefslich völlig zu verschwinden. Den umgekehrten Entwicklungsgang nahm der Kynismus. Er war zu der Zeit, als Epikur auftrat, zu einer reinen Farce geworden und durch Aufnahme völlig heterogener Elemente dem alten Geist ganz entfremdet; plötzlich sehen wir ihn, ohne dafs Zwischenglieder vorhanden wären, im 1. Jahrhundert der Kaiserzeit wieder zu der Höhe der alten strengen Lebensanschauung zurückkehren und mit bewufster Tendenz dem Verfall der Sitten entgegenwirken. Wir sehen ihn jetzt wieder vertreten durch Männer, die durch ihr ernstes Wollen und die rücksichtslose Consequenz, mit der sie das einmal als richtig Erkannte durchzuführen wufsten, unsere Achtung gewinnen, mögen auch ihre wissenschaftlichen Leistungen durchaus unbedeutend sein. Noch ein Umstand kam hinzu, der für das Fortbestehen des Kynismus von grofser Wichtigkeit war. Da dieser eine an keine feste Dogmen gebundene ἀγωγὴ βίου war, so war es möglich, dafs sich Philosophen anderer Richtung in der Moral an ihn anschlossen; man denke an den Platoniker Nigrinus und den Neuplatoniker Julianus. So hat der Kynismus den Untergang vieler anderen Philosophenschulen überdauert; 'nunc philosophos non fere videmus, sagt Augustinus contra Academicos III 19, nisi aut Cynicos aut Peripateticos aut Platonicos, et Cynicos quidem, quia eos vitae quaedam delectat libertas atque licentia'[1]) (ähnlich de civ. dei XIV 20), und als längst nicht mehr von Peripatetikern und Platonikern die Rede war, lebten die starren Formen des Kynismus im Mönchswesen fort und gewannen so eine Art von welthistorischer Bedeutung.

Mit schriftlicher Darlegung ihrer Ansichten gaben sich nur wenige dieser späteren Kyniker ab, ihr Wirkungskreis war die Predigt, durch die sie mit den Christen in Konkurrenz traten.[2]) Um so interessanter sind für uns die wenigen Reste, die sich von dieser zweiten Epoche des Kynismus erhalten haben. Dieselben werden eröffnet durch die Kynikerbriefe, deren Zeit durch sichere Daten bestimmt ist: sie fallen in den Anfang der Kaiserzeit und sind geschrieben nicht etwa als rhetorische Übungsstücke sondern um Propaganda zu machen. Neben vielem Trivialen enthalten sie manches, was wegen unserer lückenhaften Kenntnis der kynischen Philosophie von um so gröfserem Wert ist, weil, wie bereits bemerkt, diese späteren Kyniker wieder zu der alten Strenge eines Diogenes und Krates zurückkehrten und uns daher manche Einzelheiten von diesen berichten, die wir anderswoher nicht kennen. Andererseits lassen sich doch Abweichungen von der Lehre der alten Kyniker nicht verkennen und wir dürfen darin ein Indicium einer wenn auch noch so geringen inneren Weiterentwicklung erkennen. Das auffallendste Beispiel möge hier kurz besprochen werden, bevor wir uns zum 28. Briefe wenden.

Wer war der Stifter der kynischen Schule? Nicht immer ist auf diese Frage die gleiche Antwort gegeben worden. Von Oenomaus führt Julian or. VI 187 D die eigentümliche Äufserung an: ὁ Κυνισμὸς οὔτε Ἀντισθενισμός ἐστιν οὔτε Διογενισμός. λέγουσι μὲν γὰρ οἱ γενναιότεροι τῶν Κυνῶν, ὅτι καὶ ὁ μέγας Ἡρακλῆς, ὥσπερ οὖν

---

1) Das 'fere', wodurch Augustin diese Behauptung einschränkt, hat seinen guten Grund. Nicht ganz 100 Jahre später (um 470) sagt Claudianus Mamertus 'de statu animae' II 9 p. 133 ed. Engelbrecht: 'qui (Augustinus) profecto talis natura adtentione disciplinis exstiterit, ut non immerito ab istis corporalibus nostri saeculi Epicureis aut Cynicis spiritalis sophista dissenserit'. Unter den 'Cynici' sind hier, wie der Zusammenhang lehrt, Stoiker zu verstehen; dafs er aber jene nennt, zeigt deutlich, wie sehr sie damals die Stoiker an Bedeutung überragten. Einer der letzten ausdrücklich so genannten Kyniker war wohl Sallustius, der Zeitgenosse des Simplicius (Suid. s. v. Καλλούςτιος und Καλλούςτιος φιλόσοφος und Phot. bibl. cod. 242 p. 342, 27 ff. Becker), über den vgl. Zeller III₁, 776, 1.

2) Während diese kynischen Predigten nur moralischen Inhaltes waren, wetteiferten in rein theologischen Predigten mit den Christen Aristides und später der Apostat.

τῶν ἄλλων ἀγαθῶν ἡμῖν τις αἴτιος κατέστη, οὕτω δὲ καὶ τούτου τοῦ βίου παράδειγμα τὸ μέγιστον οὗτος κατέλιπεν ἀνθρώποις. Dagegen behauptet der Verfasser des 16. Kratesbriefes (p. 211 Hercher) ἡ μὲν κυνικὴ φιλοσοφία ἐςτὶν ἡ Διογένειος. Wo bleibt Odysseus? Darüber weifs nun der 19. Kratesbrief folgendes sehr Auffällige zu berichten: μὴ λέγε τὸν Ὀδυccέα πατέρα τῆς κυνικῆς τὸν πάντων μαλακώτατον ἑταίρων καὶ τὴν ἡδονὴν ὑπὲρ πάντα πρεcβεύοντα, ὅτι ποτὲ τὰ τοῦ κυνὸς ἐνεδύσατο. οὐ γὰρ ἡ cτολὴ ποιεῖ κύνα, ἀλλ' ὁ κύων cτολήν, ὅπερ οὐκ ἦν Ὀδυccεύς, ἡττώμενος μὲν ἀεὶ ὕπνου, ἡττώμενος δὲ ἐδωδῆς, ἐπαινῶν δὲ τὸν ἡδὺν βίον, πράττων δὲ οὐδὲν οὐδέποτε ἄνευ θεοῦ καὶ τύχης, αἰτῶν δὲ πάντας καὶ τοὺς ταπεινούς, λαμβάνων δ' ὁπός' ἄν τις χαρίcαιτο. λέγε δὲ Διογένη τὸν μὴ ἅπαξ κυνικὴν cτολὴν ἐνδυcάμενον, ἀλλὰ τὸν ὅλον βίον κρείττω καὶ πόνου καὶ ἡδονῆς, τὸν ἀπαιτοῦντα καὶ οὐκ ἐκ τοῦ ταπεινοῦ, τὸν τἀναγκαῖα πάντα προϊέμενον, τὸν ἐφ' ἑαυτῷ θαρροῦντα, τὸν μηδέποτε εὐχόμενον ἐλεεινὸν ἐς τιμὰς ἐλθεῖν, ἀλλὰ cεμνὸν καὶ τῷ λόγῳ πιcτεύοντα καὶ οὐ δόλῳ οὐδὲ τόξῳ, τὸν οὐκ ἐπὶ τῷ ἀποθανεῖν καρτερικόν, ἀλλ' ἐπὶ τῷ τὴν ἀρετὴν ἀcκῆcαι ἀνδρεῖον. καὶ ἐξέcται cοι μὴ τὸν Ὀδυccέα ζηλοῦν, ἀλλὰ τὸν Διογένη, τὸν πολλοὺς καὶ ὅτε ἔζη, ἐξελόμενον ἐκ κακίας εἰς ἀρετὴν καὶ ὅτε τέθνηκε, δι' ὧν κατέλιπεν ἡμῖν λόγων. Man könnte meinen, dafs der Verfasser dieses Briefes mit dieser Ansicht allein stehe und dafs also eine weitere Verbreitung derselben aus diesem Zeugnis nicht folge.[1]) Dies wird aber widerlegt durch Epiktet diss. III 24, 12 ff. Er preist dort Herakles und Odysseus als Ideale eines tugendhaften Lebens. Da wendet bei der Lobpreisung des Odysseus der (fingierte) Gegner ein (§ 18): Ἀλλ' Ὀδυccεὺς ἐπεπόνθει πρὸς τὴν γυναῖκα καὶ ἔκλαιεν ἐπὶ πέτρας καθεζόμενος. Cὺ δ' Ὁμήρῳ πάντα προcέχεις καὶ τοῖς μύθοις αὐτοῦ; ἤ, εἰ ταῖς ἀληθείαις ἔκλαιε, τί ἄλλο ἢ ἐδυcτύχει; τῷ ὄντι κακῶς διοικεῖται τὰ ὅλα, εἰ μὴ ἐπιμελεῖται ὁ Ζεὺς τῶν ἑαυτοῦ πολιτῶν, ἵν' ὦcιν ὅμοιοι (ὁμοίως?) αὐτῷ εὐδαίμονες. (20) ἀλλ' Ὀδυccεύς, εἰ μὲν ἔκλαιε καὶ ὠδύρετο, οὐκ ἦν ἀγαθός. Wir dürfen wohl mit Sicherheit annehmen, dafs von Antisthenes alle diese Vorwürfe, die aus den betreffenden Stellen der Odyssee gegen seinen Heros erhoben werden konnten, durch die Panacee seiner alle derartigen Hindernisse hinwegräumenden Interpretationskunst beseitigt worden sind, und wir können in der That die meisten Beschuldigungen, welche in dem Kratesbrief und in der Diatribe des Epiktet vorgebracht werden, in unsern Scholien als ἀπορίαι mit den entsprechenden λύcεις nachweisen[2]), womit natürlich nicht gesagt

---

1) Ganz durchgedrungen ist sie nie; vgl. Orig. c. Cels. III 66 παραδείγματα τοῦ ἀρίcτου βίου ... φέρουcί τινες (offenbar Stoiker) ἡρώων μὲν τὸν Ἡρακλέα καὶ τὸν Ὀδυccέα, τῶν δ' ὕcτερον τὸν Cωκράτην, τῶν δὲ χθὲς καὶ πρώην γεγονότων τὸν Μουcώνιον.

2) Nicht ganz klar ist, mit Rücksicht worauf Odysseus πάντων μαλακώτατος ἑταίρων genannt wird; Antisthenes, auf den Schrader 'Por-

ist, dafs letztere auf Antisthenes zurückgehen müssen, doch ist wenigstens die apologetische Tendenz dieselbe. Wenn nun diese späteren Kyniker das Odysseus-Ideal fallen liefsen, so müssen wir dies als eine Folge der Einwürfe betrachten, welche von den Gegnern gegen jene apologetische Erklärung vorgebracht wurden. Zugleich giebt sich aber auch hierin eine Verzichtleistung auf alle wissenschaftliche Thätigkeit zu erkennen, wie es überhaupt charakteristisch ist, dafs in denjenigen Kreisen, aus welchen diese Briefe stammen, nicht Antisthenes, sondern Diogenes und Krates als die Ideale bezeichnet werden, denen man nachstreben sollo.

Von dem 28. Brief des Diogenes hat Bernays ('Lukian und die Kyniker' p. 96 f.) behauptet, er sei die Fälschung eines Christen phyrii quaestiones Hom. ad Odysseam pertinentes' p. 176 f. mit grofser Wahrscheinlichkeit die Porphyriusscholien zu α 5 ff. κ 329 zurückführt, hob gerade die coφία des Odysseus gegenüber der ἀφροcύνη seiner ἑταῖροι hervor (vgl. auch Max. Tyr. diss. 20 c. 4). — Ἡττώμενος ὕπνου bezieht sich auf v 119, wo die Phäaken den Odysseus δεδμημένον ὕπνῳ ans Land setzten, worüber viele λύcεις vgl. Aristot. poet. 24. 1460a 35 Herakleides im Schol. z. d. St. Plutarch 'de aud. poet.' c. 8 p. 27 E (Schrader 'Porph. quaest. Hom. ad Iliad. pert.' p. 414 f. 425). — Ἡττώμενος ἑδωδῆς: vgl. η 216 f. οὐ γάρ τι cτυγερῆ ἐπὶ γαcτέρι κύντερον ἄλλο | ἔπλετο, ἥ τ' ἐκέλευcε ἕο μνήcαcθαι ἀνάγκη, Worte, die wegen ihres scheinbaren ἀπρεπές im Scholion gegen die καταπρέχοντες verteidigt werden (vgl. Athen. X 412 B ff.). — Ἐπαινῶν τὸν ἡδὺν βίον. Dies bezieht sich auf eins der am häufigsten behandelten Ζητήματα: wie kann Odysseus bei den Phäaken (ι 5 ff.) die τρυφή und die ἡδονή als τέλος bezeichnen? Vgl. darüber Schrader (Ilias) p. 414 (Od.) p. 193 f. — Πράττων οὐδὲν οὐδέποτε ἄνευ θεοῦ καὶ τύχης geht auf B 144 ff., wo Odysseus zögernd dasteht, ohne die auf den Rat Agamemnons zu den Schiffen eilenden Griechen aufzuhalten, bis Athene ihn dazu antreibt, vgl. Schol. z. d. St.: διὰ τί δὲ ... ὁ μέν (Odysseus) ἕcτηκεν ἁπλῶς μονονουχὶ ἁπτόμενος τῆς νηός ... καὶ παραγίνεται ἡ Ἀθηνᾶ ὥσπερ καθεύδοντα ἐγείρουcα τὸν Ὀδυccέα ..... (ein Aufhalten sei unmöglich gewesen ohne göttliche Hülfe), διὸ πρὸς τοῦτον ἡ Ἀθηνᾶ ἥκει, οὐ γάρ πιθανὸν θεοῦ δίχα παυθῆναι τοιοῦτον θόρυβον. Ferner: nicht Hermes giebt ihm das μῶλυ (κ 277 ff.), sondern sein eigner λογισμός überwindet die Gefahr, vgl. Kleanthes bei Apollon. lex. Hom. s. v. μῶλυ (Sengebusch diss. Hom. I p. 67) und das interessante Epigramm A. P. X 50. Zu den Worten ἄνευ τύχης finde ich keine ἀπορία in den Scholien erwähnt; Antisthenes wird jedenfalls den Odysseus gegen diesen Vorwurf verteidigt haben, denn ὁ σοφὸς τύχῃ οὐδὲν ἐπιτρέπει (fr. des 'Herakles' II bei Laert. D. VI 105). — Εὐχόμενον ἐλεεινὸν ἐς τιμὰς ἐλθεῖν geht vielleicht auf η 224 f., wo die Schol. eine entsprechende λύcις geben. — Bei Epiktet wird ihm a. a. O. vorgeworfen, dafs er aus Sehnsucht nach Penelope geweint habe; das bezieht sich auf ε 82 f.; zu dieser Stelle finden sich freilich weder in den Scholien noch auch sonst, so viel ich sehe, ἀπορίαι oder λύcεις, aber da die anderen Stellen, wo Odysseus weint, genau behandelt worden sind (vgl. Porphyr. zu α 332 ff. und besonders Plutarch 'de tranq. an.' c. 16 p. 475 B, vgl. 'de garrul.' c. 8 p. 506 A), müssen wir das Gleiche von jener voraussetzen, zumal von den Stoikern sorgfältig untersucht wurde, inwieweit das Weinen dem Weisen erlaubt sei (Seneca ep. 99, 18 ff. und ganz stoisch Basilius homil. de gratiarum actione c. 5 vol. 31 p. 228 f. Migne).

und alle, die sich nach Bernays hierüber geäufsert haben, halten daran fest (Ziegeler in Fleckeisens Jhb. 1881 p. 332, Urban 'Über die Erwähnungen der Philosophie des Antisthenes in den platonischen Schriften' Progr. Königsb. 1882 p. 4, Marcks 'Symbol. crit. ad epistologr. Graec.' diss. Bonn. 1884 p. 10). Und doch sind die von Bernays für seine Ansicht beigebrachten Argumente sämtlich unrichtig; der aufserordentlich scharfe Blick, mit dem er solche apokryphen Produkte zu erkennen wufste, hat ihn hier entschieden auf Abwege geführt. Das nachzuweisen, würde an sich eine wenig lohnende Arbeit sein, wenn nicht gerade an diesem Beispiel besonders deutlich gezeigt werden könnte, wie vorsichtig in Fragen dieser Art geurteilt werden mufs.

Gleich an dem Anfang des Briefes nimmt Bernays Anstofs; in den Worten: Διογένης ὁ κύων τοῖς καλουμένοις "Ελλησιν οἰμώζειν scheint ihm die Substituierung von οἰμώζειν für χαίρειν unerhört zu sein. Dagegen hat schon mit Recht Urban (a. a. O.) eine Stelle aus Lukians Totengesprächen (1, 2) angeführt; dort fragt Polydeukes den Diogenes, was er den Philosophen melden solle, Diogenes antwortet: οἰμώζειν αὐτοῖς παρ' ἐμοῦ λέγε. Vgl. auch 21, 2, wo erzählt wird, dafs Diogenes und Menipp, als sie in den Hades gekommen seien, die Toten mit einem οἰμώζειν παραγγέλλω begrüfst hätten. Wir haben hier also ein drastisches Exempel des echt kynischen λέγειν παρὰ προσδοκίαν.

Ferner waren Bernays folgende Worte (§ 7) verdächtig: σπαταλῶσι δ' ὑμῖν καὶ ἐνθυμουμένοις, ὅσα γε τὰ ἀγαθὰ ὦν δεσπόται λέγεσθε εἶναι, ἔρχονται οἱ κοινοὶ δήμιοι, οὓς ὑμεῖς καλεῖτε ἰατρούς, οἷς ἃ ἂν ἐπὶ τὴν γαστέρα ἐπέλθῃ, ταῦτα λέγουσι καὶ πράττουσιν. Er bemerkt dazu: „durch den gegen die Ärzte als 'öffentliche Henker' gerichteten Ausfall verstöfst der Verfasser gegen die übernommene Diogenesrolle, da der Kyon nie auf die Ärzte schimpfte", worin ihm Marcks (a. a. O.) beistimmt. Dies beruht auf einem Irrtum. Allerdings nannten sich die Kyniker (wie dann später andere Philosophen) mit Vorliebe Ärzte (s. Praechter 'Cebetis tabula' p. 74, 1, Wendland 'quaest. Muson.' p. 12, 1), aber sie wollten nicht Ärzte des Körpers, sondern der Seele sein, und je fester sie überzeugt waren, dafs die gewöhnlich so genannten Ärzte die Krankheiten der Seele zu vernachlässigen pflegten, um so bittrer eiferten sie gegen dieselben, sowie gegen die Menschen, die durch ihr verkehrtes Leben die Ärzte nötig machten. Denn, so argumentiert der plutarchische Gryllos (c. 8 p. 992 A), darin haben es die Tiere besser als die Menschen, dafs sie nicht wie diese durch ein schwelgerisches Leben in lange und schwere Krankheiten verfallen; wenn sie aber doch einmal erkranken sollten, dann zeige ihnen die Natur selbst den Weg der Heilung und überhebe sie des Gebrauchs der Ärzte. Ganz ähnlich Diogenes bei Dio Chrys. or. VI 205 Reiske, Dio selbst or. LXIX 369 und öfters Seneca, der in solchen Fragen den Standpunkt der älteren Stoiker vertritt und deshalb hier herangezogen werden darf, vgl. besonders ep. 95, 15—29, z. B. § 18 'quid alios referam innumerabiles morbos, supplicia luxuriae? immunes erant ab istis malis, qui nondum se deliciis solverant. itaque nihil opus erat tam magna medicorum supellectile nec tot ferramentis atque pyxidibus'. Dazu kommt, dafs die Ärzte nach der Ansicht der Kyniker die Kranken oft falsch behandeln, vgl. das Apophthegma des Antisthenes bei Julian or. VI 181 B f.: ὁ μὲν γὰρ νοςῶν μαλακῶς ἔςθ' ὅτε θεραπεύεται, ὥςτε γίνεςθαι τρυφὴν αὐτοχρῆμα τὴν ἀρρωςτίαν, ἄλλως τε κἂν ᾖ πλούςιος. Besonders charakteristisch ist auch die varronische Satura 'Quinquatrus'; in derselben mufs ein durchgeführter Vergleich der Ärzte (die an diesem Fest wie die übrigen artifices der Minerva opferten, vgl. Ovid. fast. III 827 f.) und der Philosophen zu Ungunsten ersterer gestanden haben; vgl. besonders fr. V: 'an hoc praestat Herophilus Diogeni, quod ille e ventre aquam mittit? an hoc te iactas? an hoc pacto utilior te Tuscus aquilex?' VI 'qui Tarentinum tuum ad Heraclidem Ponticon contenderet', VII 'tu medicum te audes dicere, cum in eborato lecto ac purpureo peristromo cubare videas aegrotum et eius prius alvum quam τύλην subducere malis?'[1] Am ausführlichsten behandelt dasselbe Thema in derselben Art Gregor von Nazianz or. II c. 16—21 (vol. 35 p. 425 ff. Migne).

Wenn endlich Bernays daran Anstofs zu nehmen scheint, dafs die Ärzte als κοινοὶ δήμιοι bezeichnet werden, so ist darauf hinzuweisen, dafs auch der Komiker Phoenicides (bei Stob. flor. 6, 30 = FCGr. III p. 334 K.) den Arzt als δήμιος[2]) bezeichnet, vgl. auch den Titel eines (unedierten) Dialoges des Theodoros Prodromos Δήμιος ἢ ἰατρός (Krummbacher 'byz. Litt.-Gesch.' p. 365, 12 Anm.).

Kürzer können die übrigen Einzelargumente, die Bernays für seine Ansicht vorbringt, zurückgewiesen werden. Wenn er sagt: „Am Schlufs des Briefes (§ 8) wird den βάρβαροι nach allen Seiten, sowohl in Bezug auf das Klima ihrer Länder wie auf ihre Sitten und auf ihren Mut, der Vorzug vor den damaligen Hellenen zuerkannt, was seitens eines jüdischen oder christlichen Verfassers begreiflich genug ist, von der gewöhnlichen Rhetorenmanier aber grell absticht", so giebt er durch die Zuflucht, die er zu den Rhetoren nimmt, deutlich genug zu verstehen, dafs er selbst die Schwäche dieses Beweises empfunden hat. Denn der Verfasser dieses Briefes hat nicht als

---

[1] Vorwürfe gegen das falsche Verfahren der Ärzte finden sich auch sonst bei den Philosophen, vgl. besonders Plat. Gorg. 464 B ff. (ausgeführt bei Max. Tyr. diss. 20 c. 8); Stoiker gegen Heilung durch ἐπῳδαὶ Cramer Anecd. Par. IV 404, 27. Und dafs viel ὑπὲρ und κατὰ ἰατρῶν disputiert wurde, zeigt aufser der hippokratischen „Apologie der Heilkunst" auch Stob. flor. 102, 1—9, wo testimonia pro et contra angeführt werden. Deshalb sträubt sich auch der alte Cato so gegen die Aufnahme griechischer Ärzte in Rom, damit sie nicht durch ihre Kunst die Menschen 'töteten' (Plin. n. h. XXIX § 14).

[2] κοινὸς δήμιος ist eine Floskel aus Plat. Ges. IX 872 B.

Rhetor sondern als Kyniker schreiben wollen; dafs im Munde des letzteren eine solche Bevorzugung der Barbaren vor den Hellenen aber keineswegs unerhört ist[1]), hat Bernays selbst zu gut gewufst, um sich darauf zu berufen.

Endlich sagt Bernays über den Inhalt des ganzen Briefes[2]): „Das gesamte Leben der hellenisch-römischen Welt wird nach religiöser (§ 4), politischer (§ 3) und socialer (§ 5) Seite mit den schwärzesten Farben geschildert und überall bricht die Erbitterung hervor, von welcher die Anhänger des Heidentums während der ersten Jahrhunderte unserer Zeitrechnung sich erfüllt zeigen." Man mufs den Brief selbst lesen, um sich zu überzeugen, dafs er kein Wort enthält, welches einem polternden Kyniker nicht mindestens ebensogut ansteht, wie einem Christen oder Juden. Dies ist ein Punkt, bei dem ich noch kurz verweilen möchte: Man mufs sich klar vorstellen, dafs zwischen dem Kynismus und den strengeren Vertretern der späteren Stoa einerseits und dem Christentum andererseits so enge Beziehungen obwalten, dafs oft beide äufserlich so schroff sich gegenüberstehenden Richtungen des moralischen und religiösen Denkens kaum zu unterscheiden sind. Die Verwandtschaft mit den Stoikern ist schon im Altertum auf beiden Seiten empfunden worden (vgl. Paulus in der Ap.-Gesch. 17, 28, Epiktet IV 7, 6, M. Aurel XV 3, Greg. v. Naz. ep. 32 ἐπαινῶ δὲ τῶν ἀπὸ τῆς Cτοᾶc τὸ

---

1) Vgl. Weber Lpz. Stud. X 127 ff. Schwartz Rh. M. 40, 252 ff. und für andere Philosophen das leider so kurze Fragment in Flinders Petrie Papyri p. 29 f. Eigentümlich Plat. Phileb. 15 DE ὁ πρῶτον αὐτοῦ (τοῦ διαλέγεcθαι) γευcάμενος ἑκάςτοτε τῶν νέων ... ὑφ' ἡδονῆς ἐνθουςιᾷ τε καὶ πάντα κινεῖ λόγον ἄςμενος ...., εἰς ἀπορίαν αὐτὸν μὲν πρῶτον καὶ μάλιςτα καταβάλλων, δεύτερον δ' ἀεὶ τὸν ἐχόμενον ..., φειδόμενος οὔτε πατρὸς οὔτε μητρὸς οὔτε ἄλλου τῶν ἀκουόντων οὐδενός, ὀλίγου δὲ καὶ τῶν ἄλλων ζῴων, οὐ μόνον τῶν ἀνθρώπων, ἐπεὶ βαρβάρων γε οὐδενὸς ἂν φείcαιτο, εἴπερ μόνον ἑρμηνέα ποθέν ἔχοι. Bei den ζῷα hat man hier wohl eher an moralisierende Fabeln, die Sokrates ja liebte, als an Dialoge im Stil des Gryllos zu denken; unter den Barbaren ist wohl hauptsächlich Anacharsis gemeint, dessen Person sich früh in den Kreisen der Sophisten und Kyniker eingebürgert hat (vgl. Heinze Philol. N. F. IV 458 ff.). Vgl. auch Phaed. 77 E, 78 A τοῦτον οὖν πειρώμεθα πείθειν μὴ δεδιέναι τὸν θάνατον, ὥςπερ τὰ μορμολύκεια. Ἀλλὰ χρή, ἔφη ὁ Cωκράτης, ἐπᾴδειν αὐτῷ ἑκάςτης ἡμέρας, ἕως ἂν ἐξεπᾴςητε. Πόθεν οὖν, ἔφη, ὦ Cώκρατες, τῶν τοιούτων ἀγαθὸν ἐπῳδὸν ληψόμεθα, ἐπειδὴ cύ, ἔφη, ἡμᾶς ἀπολείπεις; Πολλὴ μὲν ἡ Ἑλλάς, ἔφη, ὦ Κέβης, ἐν ᾗ εἰςί που ἀγαθοὶ ἄνδρες, πολλὰ δὲ καὶ τὰ τῶν βαρβάρων γένη, οὓς πάντας χρὴ διερευνᾶςθαι ζητοῦντας τοιοῦτον ἐπῳδόν. (Zwei andere Stellen, an denen sich Plato ganz gelegentlich in Gegensatz zu der herkömmlichen Ansicht setzt, bei Apelt 'Beitr. z. Gesch. d. gr. Philosophie' 1891 p. 317 f.) Die Kyniker der vorchristlichen Zeit, von denen keiner aufser Krates von reinhellenischer Abstammung war, haben diesen Standpunkt, später im Bunde mit den Stoikern und im Gegensatz zu Aristoteles, mit äufserster Konsequenz vertreten.

2) Auf ein ganz nebensächliches Argument (angebliche Entlehnungen des Verfassers des Diogenesbriefes aus dem von einem Bibelgläubigen gefälschten 7. Heraklesbrief) brauche ich um so weniger einzugehen, als dasselbe schon von Weber a. a. O. p. 135, 3 widerlegt worden ist.

νεανικόν τε καὶ μεγαλόνουν, οἳ μηδὲν κωλύειν φαcὶ πρὸc εὐδαιμονίαν τὰ ἔξωθεν, ἀλλ᾽ εἶναι τὸν cπουδαῖον μακάριον, κἂν ὁ Φαλάριδοc ταῦροc ἔχῃ καιόμενον) und von Neueren oft hevorgehoben worden (vgl. Hottinger in der oben [p. 388, 1] angeführten Schrift p. 148 ff. Harnack 'Dogmengeschichte' I² p. 106 f.), es gilt aber noch in erhöhtem Mafse von den Kynikern. Diese Thatsache ist Kaiser Julian nicht verborgen geblieben: er hat den Kynikern ihre Verwandtschaft mit den Christen und den Christen ihre Verwandtschaft mit den Kynikern zum Vorwurf gemacht. An die Kyniker seiner Zeit wendet er sich mit folgenden Worten (or. 7 p. 224 BC) ἀποτακτιcτάc¹) τιναc ὀνομάζουcιν οἱ δυccεβεῖc Γαλιλαῖοι· τούτων οἱ πλείουc μικρὰ προέμενοι πολλὰ πάνυ ... ἐυγκομίζουcι ..· τοιοῦτόν τι καὶ τὸ ὑμέτερον ἔργον ἐcτί, πλὴν ἴcωc τοῦ χρηματίζεcθαι. τοῦτο δὲ οὐ παρ᾽ ὑμᾶc γίγνεται, ἀλλὰ παρ᾽ ἡμᾶc (in Rücksicht auf uns)· cυνετώτεροι γάρ ἐcμεν τῶν ἀνοήτων ἐκείνων· ἴcωc δὲ καὶ διὰ τὸ μηδὲν ὑμῖν εἶναι πρόcχημα τοῦ φορολογεῖν εὐπροcώπωc, ὁποῖον ἐκείνοιc, ἣν λέγουcιν οὐκ οἶδ᾽ ὅπωc ἐλεημοcύνην· τὰ δ᾽ ἄλλα γε πάντα ἐcτὶν ὑμῖν τε κἀκείνοιc παραπλήcια. καταλελοίπατε τὴν πατρίδα ὥcπερ ἐκεῖνοι, περιφοιτᾶτε πάντη καὶ τὸ cτρατόπεδον διωχλήcατε μᾶλλον ἐκείνων καὶ ἰταμώτερον. Dafs er umgekehrt den Christen ihre engen Beziehungen zu den Kynikern vorwarf, müssen wir jetzt, da seine Streitschrift gröfstenteils verloren ist, auf indirektem Wege erschliefsen. Das gewichtigste Zeugnis dafür, dafs Julian in der angedeuteten Weise das Christentum mit dem Kynismus in Parallele setzte, findet sich bei dem Arianer Eunomius. Derselbe wurde im J. 360 wegen seiner ketzerischen Gesinnung seines Episkopats in Kyzikus entsetzt und veröffentlichte daraufhin seinen 'Apologeticus'²); in demselben heifst es c. 17 (bei Migne vol. 30 p. 853, auch bei Fabricius bibl. VIII p. 286 ed. vet.): πρὸc ὅν φαμεν, οὐ βακτηρίᾳ χρώμενοι πρὸc τὴν ἐρώτηcιν κατὰ τὸν Διογένουc ἐπαινέτην, πολὺ γὰρ Κυνιcμὸc κεχώριcται Χριcτιανιcμοῦ κτλ. Unter dem Διογένουc ἐπαινέτηc kann nur Julian verstanden sein und Eunomius mufs mit der auffälligen Behauptung πολὺ γὰρ Κυνιcμὸc διαφέρει Χριcτιανιcμοῦ eine Äufserung Julians im Auge

---

1) Über diese vgl. Epiphan. adv. haer. I haer. 40 (vol. 41 p. 680 Migne), JI haer. 61 c. 3 (p. 1041), c. 4 (p. 1044), auch Basilius ὅροι VIII (vol. 31 p. 933 ff. Migne).
2) Diesen widerlegte Basilius in seinen 4 Büchern 'adversus Eunomium'. Eunomius schrieb darauf eine neue Verteidigung, die gegen Basilius gerichtet war; er veröffentlichte diese (die nicht erhalten ist) nach Photius bibl. cod. 138 gleich nach dem Tode des Basilius († 379), nachdem er viele Olympiaden daran gearbeitet hatte. Die Streitschrift des Basilius ist, da Julian, wie es scheint, nicht mehr als lebend gedacht wird, nach 363 abgefafst, wie lange nachher, läfst sich aus der ungefähren Angabe des Photius nicht bestimmen. Wenn es richtig ist, dafs die angeführten Worte des Eunomius auf Julians Bücher gegen die Christen gehen, so mufs, da diese 362/3 geschrieben sind, der Apologeticus bald nachher abgefafst sein.

gehabt haben, nach welcher die beiden sich nicht von einander
unterschieden hätten; da sich eine solche in den erhaltenen Schriften
des Apostaten nicht findet und an einen Brief, deren ja eine Menge
im Umlauf war, schwerlich gedacht werden kann, so wird er diesen
Gedanken in den Büchern κατὰ Χριστιανῶν ausgeführt haben.[1])
Das Princip, welches der Kaiser mit dieser Injurie verfolgte, ist
klar: einerseits konnte er in Übereinstimmung mit seinen sonstigen
Tendenzen hierdurch nachweisen, daſs die christliche Moralphilosophie
unselbständig sei, weil sie das Meiste entlehnt habe den groſsen alten
Typen der ἐγκράτεια, und andererseits war es ein bitterer Hohn,
die Christen mit einer Menschenklasse zusammenzustellen, die in
ihrer damaligen Verworfenheit allen feiner Gebildeten ein Greuel
war. Die groſsen Kirchenschriftsteller der julianischen Zeit haben
es denn auch nicht versäumt, offen oder versteckt auf diesen von
Julian erhobenen Vorwurf zu antworten. Sie sind offenbar zu
diesem Vorgehen provociert worden durch jene das Ansehen des
Christentums in hohem Grade gefährdenden Äuſserungen Julians,
wenigstens läſst sich in früheren Zeiten nichts dergleichen nachweisen (auſser etwa einer Andeutung bei Lactantius div. inst. I 1, 3,
die aber zu schwach ist, als daſs sie in Betracht käme), denn die
Feindschaft Justins mit dem Kyniker Crescens hatte andere Motive
und es ist z. B. bezeichnend, daſs Celsus in seiner Schrift gegen die
Christen, soviel wir aus der Erwiderung des Origenes schlieſsen
können, wohl auf die vielen platonischen, pythagoreischen und
stoischen Elemente der christlichen Lehre hingewiesen, die Kyniker
aber beiseite gelassen hatte. Dem gegenüber kann es kein Zufall
sein, wenn diese im 4. Jh. plötzlich als die Hauptwidersacher von
den Christen angesehen werden. Vor allem sind einige Äuſserungen
des Johannes Chrysostomus bezeichnend.[2]) In der 17. Rede an die
Antiochener erzählt er c. 2 (vol. 49 p. 173 Migne): als Theodosius
im Jahre 388 die Einwohner von Antiochia wegen eines Tumultes
bestrafen lieſs, da seien die Mönche freiwillig aus ihrer Einsamkeit
in die Stadt herabgekommen, um durch ihre Reden den Zorn des
Präfekten zu beschwichtigen oder mit den übrigen gemeinsam sich

---

1) Daſs sich die Worte des Eunomius auf die oben ausgeschriebenen
Sätze der 7. Rede beziehen, wird schon durch die Erwähnung der βακτηρία
ausgeschlossen, auch kann die groſse Polemik der gleichzeitigen Schriftsteller gegen die Kyniker, worüber sogleich gesprochen werden soll,
schwerlich an eine so nebensächlich hingeworfene, zudem nur gegen eine
Sekte gerichtete Äuſserung Julians angeknüpft haben. Sollten nicht
überhaupt aus den christlichen Schriftstellern der julianischen Epoche
noch mehrere versteckte Anspielungen auf das julianische Buch zu gewinnen sein? Dazu scheint doch auch zu gehören die unten (p. 402) aus
Gregors 1. Invektive gegen Julian citierte Stelle c. 72 p. 596.

2) Dieselben habe ich gröſstenteils nach dem sorgfältigen Index von
Montfaucon zusammengestellt; die erste wird auch von Bernays 'Lukian
und die Kyniker' p. 99 f. angeführt.

der Rache des Kaisers zu unterziehen, dagegen: ποῦ νῦν εἰςιν οἱ τοὺς τρίβωνας ἀναβεβλημένοι καὶ βαθὺ γένειον δεικνύντες καὶ ῥόπαλα τῇ δεξιᾷ φέροντες, οἱ τῶν ἔξωθεν φιλόσοφοι, τὰ Κυνικὰ καθάρματα, οἱ τῶν ἐπιτραπεζίτων κυνῶν ἀθλιώτερον διακείμενοι καὶ γαστρὸς ἕνεκεν πάντα ποιοῦντες; πάντες κατέλιπον τότε τὴν πόλιν, πάντες ἀπεπήδηςαν, εἰς τὰ σπήλαια κατεκρύβηςαν, μόνοι δὲ οἱ διὰ τῶν ἔργων ἀληθῶς τὴν φιλοςοφίαν ἐπιδεικνύμενοι, καθάπερ οὐδενὸς δεινοῦ τὴν πόλιν κατειληφότος οὕτως ἀδεῶς ἐπὶ τῆς ἀγορᾶς ἐφάνηςαν. Das ist überhaupt das Gemeinsame, welches alle diese Äufserungen zusammenhält: die Kyniker haben allerdings eine in vieler Hinsicht bewundernswerte und mit christlichen Ideen sich oft berührende Moral — diesem Zugeständnis konnte man sich nicht entziehen —, aber was sie nur mit Worten aussprachen, das bewähren die Christen durch die That und während bei jenen eine eitle φιλοδοξία die Triebfeder bildet, handelt der Christ so, weil er nicht anders handeln kann noch darf. Vgl. homil. 35 c. 4 (vol. 10 p. 302) „ἔχοντες γὰρ, φηςί (1. Tim. 6, 8), ςκεπάςματα καὶ τροφὰς τούτοις ἀρκεςθηςόμεθα", οὐ καθάπερ ὁ Cινωπεὺς ἐκεῖνος ὁ ῥάκια περιβεβλημένος καὶ πίθον οἰκῶν εἰς οὐδὲν δέον, ἐξέπληξε μὲν πολλούς, ὠφέληςε δὲ οὐδένα. Ὁ δὲ Παῦλος τούτων μὲν οὐδὲν ἐποίει, οὐδὲ γὰρ πρὸς φιλοτιμίαν ἔβλεπεν, ἀλλὰ καὶ ἱμάτια περιεβέβλητο μετὰ εὐςχημοςύνης ἁπάςης καὶ οἰκίαν ᾤκει διηνεκῶς καὶ τὴν ἀκρίβειαν ἅπαςαν ἐπὶ τῆς ἄλλης ἀρετῆς ἐπεδείκνυτο, ἧς ὁ Κυνικὸς κατεφρόνει ζῶν ἀςελγῶς καὶ δημοςίᾳ ἀςχημονῶν καὶ ὑπὸ τῆς περὶ τὴν δόξαν μανίας ςυρόμενος. ἂν γὰρ ἔρηταί τις τῆς τοῦ πίθου οἰκήςεως τὴν αἰτίαν, οὐδεμίαν ἑτέραν εὑρήςει ἀλλ' ἢ κενοδοξίαν μόνην. Ähnlich 'de S. Babyla' c. 8 (vol. 2 p. 545) καὶ τὰ ἄλλα δὲ ἃ ὑπὲρ τῶν παρ' αὐτοῖς φιλοςοφηςάντων κομπάζουςιν, ἀπέδειξε κενοδοξίαν καὶ θραςύτητα καὶ παιδικῆς ἔργα διανοίας. οὐ γὰρ πίθον ἐκεῖ λαβὼν κατέκλειςεν ἑαυτὸν οὐδὲ ῥάκη περιβαλλόμενος οὕτω περιῄει κατὰ τὴν ἀγοράν. ταῦτα γὰρ δοκεῖ μέν τινα εἶναι θαυμαςτὰ καὶ πόνον ἔχειν πολὺν καὶ τὴν ἐςχάτην ταλαιπωρίαν, ἐπαίνου δὲ παντὸς ἀπεςτέρηται ..... Ἀλλὰ καὶ παρρηςίαν ἐπεδείξατο πρὸς βαςιλέα πολλήν. Ἴδωμεν οὖν καὶ τὴν πολλὴν παρρηςίαν, μήποτε καὶ αὕτη τῆς τοῦ πίθου τερατείας ματαιοτέρα οὖςα τύχοι ....... c. 9 Ἀλλὰ καὶ ἐςωφρόνηςεν ὁ Cινωπεὺς ἐκεῖνος καὶ ἐν ἐγκρατείᾳ διήγαγε καὶ τῶν κατὰ νόμον οὐκ ἀνεχόμενος γάμων. ἀλλὰ πῶς καὶ τίνι τρόπῳ προςτίθει etc. Vgl. auch homil. in Matth. X c. 4 (vol. 7 p. 188), wo er nach einer Beschreibung des einfachen Lebens Johannes des Täufers fortfährt: ποῦ νῦν εἰςιν οἱ τῶν Ἑλλήνων φιλόςοφοι οἱ εἰκῇ καὶ μάτην τὴν Κυνικὴν ἀναιςχυντίαν ζηλώςαντες; τί γὰρ ὄφελος τοῦ κατακλείεςθαι ἐν πίθῳ καὶ τοιαῦτα ἀςελγαίνειν ὕςτερον; .... ἀλλ' οὐχ οὗτος τοιοῦτος.[1]) Ähnlich äufsert sich zuweilen, nur seinem

---

1) Andere Stellen übergehe ich, da die angeführten die Richtung und Art seiner Polemik deutlich genug erkennen lassen.

ganzen Standpunkte entsprechend aufgeklärter und gemäfsigter, Gregor von Nazianz. In der ersten Invektive gegen Julian (c. 72 p. 596) sagt er: μέγας ὑμῖν ὁ Κράτης. καὶ γὰρ ὄντως φιλόσοφον, τὸ μηλοβότον ἀφεθῆναι τὴν οὐσίαν καὶ τοῖς παρ' ἡμῖν φιλοσόφοις ὅμοιον. ἀλλὰ πομπεύει τὴν ἐλευθερίαν τῷ κηρύγματι, ὡς ἄν τις οὐ φιλόσοφος μᾶλλον ἢ φιλόδοξος. Μέγας ὁ τῆς νηὸς χειμαζομένης καὶ πάντων ἐκριπτουμένων χάριν ὁμολογῶν τῇ τύχῃ συστελλούσῃ εἰς τὸ τριβώνιον (Zeno). Μέγας ὁ Ἀντισθένης, ὅτι τὸ πρόσωπον συντριβεὶς ὑπό τινος τῶν ὑβριστῶν καὶ θρασέων εἰσγράφει τῷ μετώπῳ μόνον, ὥσπερ ἀνδριάντι δημιουργόν, τὸν παίσαντα, ἴσως ἵνα κατηγορήσῃ θερμότερον. Ἐπαινεῖς (nämlich Julian, der also auch im Vorhergehenden verstanden ist) τινα καὶ τῶν οὐ πολὺ πρὸ ἡμῶν, ὅτι πανημέριος ἐστὼς τῷ ἡλίῳ προσηύξατο ... καὶ τὴν ἐν Ποτιδαίᾳ στάσιν etc. In dem schönen Gedicht περὶ ἀρετῆς (vol. 37 p. 680 ff.) führt er aus: in allen übrigen Fragen sind die Philosophen uneinig, aber sie zeigen sich (v. 209 ff.)

πάντας ἐξ ἴσου
ἐπαινέτας δὲ (l. τε) τοῦ καλοῦ καὶ σύμφρονας,
οὐδὲν τιθέντας τῆς ἀρετῆς ἀνώτερον,
κἂν μυρίοις ἱδρῶσι καὶ πολλοῖς πόνοις
χρόνῳ τε μακρῷ τυγχάνῃ κρατουμένη,

und um das zu beweisen, führt er Aussprüche und Thaten des Diogenes, Krates und eines andern τῶν ἀρχαίων κυνῶν an (214—258), indem er zum Schlufs hinzufügt:

ταῦτ' οὖν μὲν ἴσα τοῖς ἐμοῖς νόμοις σχεδόν,
aber (v. 267 ff.)

οἱ μὲν τιμῶντες χρημάτων ἀκτησίαν
βίον τ' ἐλεύθερόν τε καὶ δεσμῶν ἄνω
πρῶτον μὲν οὐ καλῶς τὸ καλὸν μετῆεσαν·
πλεῖον γὰρ ἦν ἔνδειξις ἢ καλοῦ πόθος.
ἢ τί ποτ' ἔδει βωμῶν τε καὶ κηρυγμάτων;
ἔπειτα γαστρὸς ἡδοναῖς ἐφίεσαν,
ὡς ἄν τινες φεύγοντες οὐ πλούτου κόρον,
τὰς φροντίδας δὲ καὶ πόνους τῆς κτήσεως,
τρυφῆς δ' ἀφορμὴν τὸ ἀπορεῖν ποιούμενοι.
δηλοῦσι σησαμοῦσιν ἄρτοι κρίθινοι
ὑπεξιόντες καὶ τραγῳδίας ἔπη,
ὧν ἕν τι καὶ τόδ' εὐστόχως εἰρημένον (von Diogenes)·
ὦ ξένε, τυράννοις ἐκποδὼν μεθίστασο (Eur. Phoen. 40).
ἡμῖν δ' ἀνεπίδεικτον μὲν εἴ τι τῶν καλῶν,
οἷς πρῶτόν ἐστι μηδὲ τὴν ἐπώνυμον
τὰ δεξιᾶς κινήματ' εἰδέναι σαφῶς.
ἡ δ' ἐγκράτεια μαρτυρεῖ τὸ ἔνθεον·
καλὸν Κλεάνθους τὸ φρέαρ καὶ Σωκράτους
τὸ ζῆν πενιχρῶς, τἄλλα δ' ὡς ἀσχήμονα.

Vgl. auch die besondere Art, wie er seinen Bruder Caesarius, einen hervorragenden Arzt in Konstantinopel, preist (or. fun. in Caes. fratr. c. 10 p. 768): πᾶcι μὲν ὧν διὰ cωφροcύνην ἐπέραcτοc καὶ διὰ τοῦτο τὰ τίμια πιcτευόμενοc καὶ μηδὲν Ἱπποκράτουc ὁρκιcτοῦ προcδεόμενοc, ὡc μηδὲν εἶναι καὶ τὴν Κράτητοc ἁπλότητα[1]) πρὸc τὴν ἐκείνου θεωρουμένην.

Solche Äufserungen, die sich ohne Mühe vermehren liefsen, zeigen zur Genüge, wie nahe sich die beiden feindseligen Strömungen berührten und mit welch schlauer und bewufster Taktik der Kampf auf beiden Seiten geführt wurde. Das Mittel, welches Julian anwandte, war freilich längst erprobt: denn wenn er die Christen sowohl auf andere an die Moral die höchsten Anforderungen stellende Philosophen als auch besonders auf die alten Kyniker hinwies, bei denen sie alles in vollkommener und reiner Gestalt fänden, was sie für ihr Eigentum ausgäben, so war das nur ein Apollonius von Tyana mit anderer Maske (denn dafs man wenigstens damals die Schrift des Philostratus unter diesem Gesichtspunkte auffafste, beweist die Schrift des Hierokles und die Erwiderung des Eusebius). Die Christen konnten sich hier aber nicht damit wehren, dafs sie das von den Heiden ihnen entgegengestellte Objekt einfach für ψεῦδοc und φανταcία erklärten, sondern sie fanden geschickt die Punkte heraus, die bei aller übrigen Ähnlichkeit doch die ganze Gleichsetzung widerlegten. — Wie sehr sich in der That in vielen Dingen Kynismus und Christentum damals berührten, dafür soll zum Schlufs noch auf eine skandalöse Geschichte hingewiesen werden, die Gregor von Nazianz als Selbstbeteiligter mit der ganzen Fülle seiner im Schimpfen unübertroffenen Rhetorik erzählt. Der sonst nicht näher bekannte Kyniker Maximus hatte sich so in das Vertrauen Gregors einzuschleichen gewufst, dafs dieser eine Lobrede auf ihn hielt, durch die er ihn zu hohen Ehren in der christlichen Kirche zu befördern beabsichtigte. Maximus hatte sich ihm nämlich als glaubenseifriger Christ hinzustellen gewufst, der im Gewand eines kynischen Philosophen[2]) für den christlichen Glauben Propaganda gemacht habe und bei einer ausbrechenden grofsen Verfolgung ergriffen und in die Verbannung geschickt worden sei. Begeistert preist ihn daher Gregor (or. 25 c. 2) τὸν τὰ ἡμέτερα φιλοcοφοῦντα ἐν ἀλλοτρίῳ τῷ cχήματι. (c. 5): δεῦρό μοι, φιλόcοφε καὶ coφὲ καὶ κύων οὐ τὴν ἀναιcχυντίαν ἀλλὰ τὴν παρρηcίαν, ἀλλὰ τὴν φυλακὴν τοῦ καλοῦ καὶ τὸ ὑπὲρ τῶν ψυχῶν ἄγρυπνον καὶ τὸ

---

1) Ἁπλοῦc und ἁπλότηc sind Schlagworte der Kyniker (vgl. z. B. Antisth. im Schol. Od. α 3) und Stoiker (oft bei M. Aurel), auch häufig bei den Neuplatonikern. Deshalb gab man dem Antisthenes den Schimpfnamen (denn dafs er als solcher gemeint war, zeigt Plutarch Brut. c. 34) Ἁπλοκύων nach Laert. D. VI 13.

2) Wie auch in früherer Zeit Justin ἐν φιλοcόφου cχήματι ging (vgl. z. B. dial. cum Tryph. c. 1).

καίνειν μὲν, ὅcον κατ' ἀρετὴν οἰκεῖον, ὑλακτεῖν δὲ οἷον ἀλλότριον, δεῦρό μοι cτῆθι τῶν ἱερῶν πληcίον ... · τὸν Ἑλληνικὸν τῦφον κολάcαι τῶν καλῶν εἶναι νομίcαc, οἳ τῷ τρίβωνι καὶ τῇ ὑπήνῃ τὸ cεμνὸν ὑποδύονται, τί ποιεῖ (sc. Μάξιμοc) καὶ πῶc τὴν φιλοcοφίαν μεταχειρίζεται; μέcην τινὰ χωρεῖ τῆc τε ἐκείνων ἀλαζονείαc καὶ τῆc ἡμετέραc cοφίαc καὶ τῶν μὲν τὸ cχῆμα καὶ τὴν cκηνήν, ἡμῶν δὲ τὴν ἀλήθειαν καὶ τὸ ὕψοc φιλοcοφεῖ ... ταῦτα Ἀντιcθένουc ἀλαζονείαc καὶ τῆc Διογένουc ὀψοφαγίαc καὶ τῆc Κράτητοc κυνογαμίαc τί χρὴ λέγειν ὅcῳ κρείττω καὶ ὑψηλότερα; πλὴν φειδώμεθα κἀκείνων αἰδοῖ τῆc προcηγορίαc, ἵνα τι τοῦ ἀνδρὸc ἀπολαύcωcιν. Zu spät erkannte Gregor seinen Irrtum; er schrieb, wie Hieronymus 'de vir. ill.' c. 117 ausdrücklich bezeugt, eine Invektive gegen diesen Kyniker, die uns aber nicht erhalten ist, und um den Namen jenes Betrügers dauernd zu beseitigen, wurde jene Lobrede auf Maximus jetzt betitelt εἰc Ἥρωνα φιλόcοφον, der uns gänzlich unbekannt ist. Ausführlich beschreibt Gregor selbst den ganzen Vorgang in dem Gedicht 'über sein Leben' v. 750—1037 (vol. 37 p. 1081 ff.).

Diese Betrachtung hat gezeigt, dafs mit Unrecht ein derartiges Schriftstück, wie der kynische Brief, von dem wir ausgingen, deshalb als Produkt einer christlichen Fälschung von Bernays betrachtet worden ist, weil in ihm einige sich mit christlichen Anschauungen angeblich ziemlich nahe berührende Ideen vorgetragen werden. Da man überhaupt oft nicht genug beachtet hat, dafs in den ersten Jahrhunderten unserer Zeitrechnung die Grenzmarken, welche die griechische Philosophie, speciell die kynische, von den Ideen des Christentums trennen, keineswegs sehr scharf hervortreten, sondern dafs auf einem grofsen Stück gemeinsamen Bodens die alten Gedanken fortwucherten und die neuen aufkeimten, so steht der von Bernays im vorliegenden Fall begangene Irrtum nicht vereinzelt da. Vielleicht das Interessanteste, was in dem ganzen Aristides steht, ist jener grimmige, von tiefster innerer Entrüstung zeugende Ausfall gegen seine persönlichen Widersacher, zu dem er sich ungefähr am Schlufs der langen Rede ὑπὲρ τῶν τεττάρων hinreifsen läfst (vol. II p. 397 ff. Dind.). Die Stelle ist oft behandelt, sie erschien Bernays von solcher Bedeutung, dafs er, wie die Fragmente in seinem Nachlafs zeigen ('ges. Abh.' II 362 ff.), sie in einer eignen Schrift, betitelt: „Die Reden des Aristides gegen Platon, ein Beitrag zur Litteraturgeschichte" behandeln wollte. Da sie zu lang ist, um hier ganz angeführt zu werden, hebe ich nur das Wesentlichste heraus: ἀλλὰ γὰρ οὐκ εἰ Πλάτων ... κατηγορῆcαί τινων ἠξίωcε μεγέθει τινὶ καὶ ἐξουcίᾳ φύcεωc, τοῦτο καὶ μάλιcτ' ἄν τιc ἀγανακτήcειεν, ἀλλ' ὅτι καὶ τῶν κομιδῇ τινεc οὐδενὸc ἀξίων ἀφορμῇ ταύτῃ χρώμενοι μελέτην ἤδη τὸ πρᾶγμα πεποίηνται καὶ τολμῶcι καὶ περὶ Δημοcθένουc ... ὅ τι ἂν τύχωcι βλαcφημεῖν. καίτοι τίc ἂν ... τούτων ἀνάcχοιτο, οἳ πλείω μὲν cολοικίζουcιν ἢ φθέγγονται, ὑπερορῶcι δὲ τῶν ἄλλων ὅcον αὐτοῖc ὑπεροραcθαι προcήκει, καὶ τοὺc μὲν ἄλλουc ἐξετάζουciν, αὐτοὺc δὲ οὐδεπώποτ' ἠξίωcαν, καὶ cεμνύνουcι μὲν τὴν ἀρετήν, ἀcκοῦcι δὲ οὐ πάνυ....., οἳ τοῦ μὲν Διὸc οὐδὲν χείρουc φαcὶν εἶναι, τοῦ δ' ὀβολοῦ τοcοῦτον ἡττῶνται· ὀνειδίζουcι δὲ τοῖc ἄλλοιc, οὐ τῶν πραγμάτων κατεγνωκότεc, ἀλλὰ φθονοῦντεc ὅτι αὐτοὶ ταῦτα πράττειν οὐ δύνανται. εἰ δέ τιc αὐτῶν περὶ τῆc ἐγκρατείαc διαλεγομένων ἀπαντικρὺ cταίη ἔχων ἔνθρυπτα ..., ἐκβάλλουcι τὴν γλῶτταν ....· οἳ τῷ μὲν ἀποcτερεῖν κοινωνεῖν ὄνομα τέθεινται, τῷ δὲ φθονεῖν φιλοcοφεῖν, τῷ δ' ἀπορεῖν ὑπερορᾶν χρημάτων. ἐπαγγελλόμενοι δὲ φιλανθρωπίαν ὤνηcαν μὲν οὐδένα πώποτε, ἐπηρεάζουcι δὲ τοῖc χρωμένοιc. καὶ τοὺc μὲν ἄλλουc οὐδ' ἀπαντῶντας ὁρῶcι, τῶν δὲ πλουcίων ... προcιόντων εὐθὺc ὤcφροντο καὶ παραλαβόντεc ἄγουcι καὶ τὴν ἀρετὴν παραδώcειν ὑπιcχνοῦνται ......· οὗτοι γάρ εἰcιν οἱ τὴν μὲν ἀναιcχυντίαν ἐλευθερίαν νομίζοντεc, τὸ δ' ἀπεχθάνεcθαι παρρηcιάζεcθαι, τὸ δὲ λαμβάνειν φιλανθρωπεύεcθαι ......· μόνουc δὲ τούτουc οὔτ' ἐν κόλαξιν οὔτ' ἐν ἐλευθέροιc ἄξιον θεῖναι. ἐξαπατῶcι μὲν γὰρ ὡc κόλακεc, προπηλακίζουcι δ' ὡc κρείττονεc, δύο τοῖc ἐcχάτοιc καὶ τοῖc ἐναντιωτάτοιc ἔνοχοι κακοῖc ὄντεc, ταπεινότητι καὶ αὐθαδείᾳ, τοῖc ἐν τῇ Παλαιcτίνῃ δυccεβέcι παραπλήcιοι τοὺc τρόπουc. καὶ γὰρ ἐκείνοιc τοῦτ' ἐcτὶ cύμβολον τῆc δυccεβείαc, ὅτι τοὺc κρείττουc οὐ νομίζουcι, καὶ οὗτοι τρόπον τινὰ ἀφεcτᾶcι τῶν Ἑλλήνων, μᾶλλον δὲ καὶ πάντων τῶν κρειττόνων, τὰ μὲν ἄλλ' ἀφωνότεροι τῆc cκιᾶc τῆc ἑαυτῶν. ἐπειδὰν δὲ κακῶc τιναc εἰπεῖν δέῃ ..., τῷ Δωδωναίῳ μὲν οὐκ ἂν εἰκάcαιc αὐτοὺc χαλκείῳ, μὴ γὰρ ὦ Ζεῦ, ταῖc δ' ἐμπίcι ταῖc ἐν τῷ cκότῳ βομβούcαιc ....· οἳ λόγον μὲν ἔγκαρπον οὐδένα πώποτ' οὔτ' εἶπον οὔθ' εὗρον οὔτ' ἐποίηcαν, οὐ πανηγύρειc ἐκόcμηcαν, οὐ θεοὺc ἐτίμηcαν, οὐ πόλεcι cυνεβούλευcαν, οὐ λυπουμένουc παρεμυθήcαντο, οὐ cταcιάζονταc διήλλαξαν, οὐ προὔτρεψαν νέουc, οὐκ ἄλλουc οὐδέναc, οὐ κόcμου τοῖc λόγοιc προὐνοήcαντο· καταδύντεc δὲ εἰc τοὺc χηραμοὺc ἐκεῖ τὰ θαυμαcτὰ cοφίζονται, cκιᾷ τινι λόγουc ἀναcπῶντεc, ἔφηc ὦ Cωφόκλειc ......· ὅcον ἂν προκόψωcι τῆc cοφίαc, τοcοῦτον ἀνταφαιροῦcι μεγάλα φρονοῦντεc, ἐὰν ῥητορικὴν εἴπωcι κακῶc ...... καὶ τολμῶcιν ἤδη τῶν ἀρίcτων ἐν τοῖc Ἕλληcι μνημονεύειν, ὥcπερ ἐξὸν αὐτοῖc ..., εἶτα τὸ κάλλιcτον τῶν ὀνομάτων αὐτοῖc τέθεινται φιλοcοφίαν ........· πρὶν καὶ περὶ αὐτῆc τῆc ἐπωνυμίαc ἔχειν εἰπεῖν τι, cεμνύνονται καί φαcι φιλοcοφεῖν καὶ μόνοι τά τε ὄντα καὶ τὰ ἐcόμενα γιγνώcκειν καὶ πάcαc ὑφ' αὑτοῖc καὶ πρὸc αὑτοὺc εἶναι τὰc τέχναc. οὓc οὐδὲν δεῖ κατ' ὄνομα ἐξετάζειν, ἀλλὰ φορμηδὸν ἐφ' ἁμαξῶν ἐκφέρειν ..... καὶ ταῦτα μηδεὶc οἰέcθω βλαcφημίαν εἰc φιλοcοφίαν ἔχειν μηδ' ἀηδίᾳ μηδεμιᾷ λέγεcθαι, ἀλλὰ πολλῷ μᾶλλον ὑπὲρ φιλοcοφίαc εἶναι καὶ πρὸc τοὺc ὑβρίζονταc ταύτην εἰρῆcθαι. In alter Zeit sind diese Worte nicht auf die Christen, sondern auf griechische Philosophen bezogen worden. Chorikios 'de mimis' § 6 (Revue de philol. I p. 222)[1])

---

[1] Hierauf hat mich Herr Prof. Keil aufmerksam gemacht.

sagt mit Beziehung auf diese Stelle p. 399: ὁ Ἀριcτείδης, οὒc λοιδορεῖ φιλοcόφουc καὶ πλείcτῃ φηcὶν ἀκολαcίᾳ cυζῆν, τοῖc Cοφοκλέουc ἀπεικάζει cατύροιc. In der Zeit des Chorikios kann aber von einer Bezeichnung der Christen als φιλόcοφοι nicht mehr die Rede sein, also hat er nur an griechische Philosophen gedacht. Auch die allerdings ziemlich wertlosen Scholien (vol. III p. 729 f. Dind.) denken an Niemand anderen. An und für sich würde das ja nichts besagen: so gut wie heute konnte damals geirrt werden und damals noch um so eher, weil man sich instinktiv gegen den Gedanken sträuben mufste, der angesehene und später sehr geachtete Rhetor habe in solcher Weise auf die Christen geschimpft. Dagegen haben in neuerer Zeit die Erklärer des Aristides (Palmer, Jebb u. a.) eine Polemik gegen die Christen erkennen wollen und diese Ansicht in gelehrten Anmerkungen begründet. Die auf dasselbe hinauskommenden Ausführungen von Bernays liegen uns, wie erwähnt, nur in dürftigen Fragmenten vor. Reiske scheint, so viel sich aus seinen Bemerkungen entnehmen läfst, an der im Altertum verbreiteten Ansicht festgehalten zu haben; ausführlich verteidigt ist sie zuerst von Baumgart 'Aelius Aristides' (1874) p. 26 ff., dem Schmid 'Der Atticismus' II (1889) p. 4 beistimmt. Im Gegensatz hierzu ist Neumann 'Der christliche Staat und die allgemeine Kirche' I (1890) p. 35 f. zu der Auffassung von Jebb u. s. w. zurückgekehrt, doch hat derselbe, wie ich aus mündlicher Mitteilung weifs, neuerdings seine Ansicht wieder zu Gunsten der schon im Altertum geläufigen Interpretation geändert. Auch Bernays, der in den oben erwähnten Fragmenten an die Christen denkt, scheint später von dieser Meinung zurückgekommen zu sein, wenigstens bezieht er in der Schrift 'Lukian und die Kyniker' (1879) p. 38, 100 ff. die Stelle auf die Kyniker.

Schon dieses Schwanken der Ansichten kann einen Begriff davon geben, wie aufserordentlich nahe sich beide Richtungen berührt haben müssen und wie schwierig ein sicheres Urteil in diesen Fragen zu gewinnen ist. An und für sich liefse sich in der Aristidesstelle aus der gegen die Rhetoren gerichteten Polemik weder ein Argument für noch wider eine der beiden Möglichkeiten entnehmen, denn sowohl Christen als Kyniker waren erbitterte Feinde der zeitgenössischen Rhetorik und demgemäfs salopp in ihrer Art zu reden.[1]) Dafs

---

[1]) Für die Christen genügt es, um nur Zeitgenossen des Aristides zu nennen, auf Tatian c. 26 (p. 28, 15 ff. Schwartz) zu verweisen: τί γάρ, ἄνθρωπε, τῶν γραμμάτων ἐξαρτύεις τὸν πόλεμον (d. h. „was rüstest du einen Buchstabenkrieg zu"; unrichtig Schwartz im Ind. s. ἐξαρτύειν: 'dicere voluisse videtur Tatianus „quid litterarum bellum concitas", certo verbum ἐξαρτύειν non apte posuit'. Aber ἐξαρτύειν ist t. t. für Kriegsrüstungen, nur hat Tatian statt zu sagen τί ἐξαρτύεις τὰ γράμματα πρὸς πόλεμον eine freiere, hier aber viel bezeichnendere Verbindung gewählt wie Eurip. Heraclid. 419 οἰκεῖοc ἤδη πόλεμοc ἐξαρτύεται. Übrigens nimmt diese ganze Stelle, wie mir scheint, deutlich Bezug auf Lukians δίκη φωνηέντων, vgl. daselbst besonders § 4); τί δὲ ὡc ἐν πυγμῇ cυγκρούειc

aber die Philosophen[1]) und nicht die Christen zu verstehen sind, schliefse ich aus folgenden Gründen, zu deren kurzer Darlegung das grofse Interesse, welches die Stelle in Anspruch nimmt, berechtigt. Aristides sagt p. 398 von seinen Gegnern: οἳ τοῦ Διὸς οὐδὲν χείρους φαςὶν εἶναι, τοῦ δ' ὀβολοῦ τοςοῦτον ἡττῶνται. Man könnte ja versucht sein, wie im zweiten Teil dieses Satzes, so auch im ersten Teil die bekannten hyperbolischen Sprichwörter (vgl. Otto 'Die Sprichwörter der Römer' p. 39 und 109) zu erkennen; aber dem scheint für den ersten Teil das φαςὶν doch zu widersprechen. Wir werden hier also eine Anspielung auf die von den Philosophen so oft betonte Gottgleichheit des Weisen anzunehmen haben[2]), ein Motiv, welches natürlich auf die Christen schlechterdings nicht pafst. — Ebenso sind die Worte p. 409 cεμνύνονται ... πάςας ὑφ' αὑτοῖς καὶ πρὸς αὑτοὺς εἶναι τὰς τέχνας nur mit Beziehung auf das bekannte kynisch-stoische Paradoxon verständlich. — Wichtig sind auch die Worte p. 402 f. τοῖς ἐν Παλαιςτίνῃ δυςςεβέςι παραπλήςιοι τοὺς τρόπους. καὶ γὰρ ἐκείνοις τοῦτ' ἐςτι ςύμβολον τῆς δυςςεβείας, ὅτι τοὺς κρείττους οὐ νομίζουςι, καὶ οὗτοι τρόπον τινὰ ἀφεςτᾶςι τῶν Ἑλλήνων, μᾶλλον δὲ καὶ πάντων τῶν κρειττόνων. Dafs unter den „gottlosen Leuten in Palästina" nur die Juden verstanden werden können, hat Neumann a. a. O. p. 35, 11 ohne Zweifel richtig bemerkt; ein im 2. Jh. in Kleinasien lebender Heide, der noch dazu in seiner Vaterstadt das Martyrium Polykarps vermutlich selbst sah, konnte unmöglich so die Christen bezeichnen. Es wäre nun von vornherein sehr unwahrscheinlich, dafs die Christen mit den Juden, d. h. nach damaliger

---

τὰς ἐκφωνήςεις αὐτῶν διὰ τὸν 'Αθηναίων ψελλιςμόν, δέον ςε λαλεῖν φυςικώτερον; εἰ γὰρ ἀττικίζεις οὐκ ὢν 'Αθηναῖος, λέγε μοι τοῦ μὴ δωρίζειν τὴν αἰτίαν· πῶς τὸ μὲν εἶναί coι δοκεῖ βαρβαρικώτερον, τὸ δὲ πρὸς τὴν ὁμιλίαν ἱλαρώτερον; Eine persönliche Polemik Tatians p. 20, 19 ff. gegen Aristides vermutet Wilamowitz bei Schwartz in dessen Ausgabe des Tatian, Index nominum s. v. Aristides. Für die Kyniker vgl. die Worte, die Lukian 'vit. auctio' c. 10 dem Diogenes in den Mund legt: βάρβαρος δὲ ἡ φωνὴ ἔςτω καὶ ἀπηχὲς τὸ φθέγμα καὶ ἀτεχνῶς ὅμοιον κυνί. Überhaupt waren die Kyniker der damaligen Zeit die Vorkämpfer in dem Streit gegen die sophistische Rhetorik, vgl. Schmid 'Atticismus' I p. 218.
1) Und zwar die Kyniker, denn dafs nur diese verstanden werden können, hat Bernays 'Lukian u. d. Kyn.' p. 100 ff. aus mehreren deutlichen Indicien richtig gefolgert. In den Worten p. 402 δύο τοῖς ἐςχάτοις καὶ τοῖς ἐναντιωτάτοις ἔνοχοι κακοῖς ὄντες, ταπεινότητι καὶ αὐθαδείᾳ scheint auf den ersten Blick die ταπεινότης nicht gut auf die Kyniker zu passen, wenigstens finde ich sie sonst in diesem Zusammenhang nicht erwähnt; und doch mufs es ein Schlagwort der jüngeren Kyniker gewesen sein, wie ein freilich später, aber gut unterrichteter Gewährsmann beweist: Elias, Bischof von Kreta, in seinem Kommentar zu den Reden Gregors von Nazianz ed. Alb. Jahn in Mignes patrol. Gr. vol. 36 p. 765 (zu Rede 27 c. 10) τὴν μὲν ἀναίδειαν ὠνόμαζον (näml. die Kyniker) παρρηςίαν, τὸ δὲ ὑλακτικὸν ἐλεγκτικόν ...., τὸ δὲ ἀγοραῖον ταπεινόν, τὸ δὲ ἀδιάφορον ἁπλοῦν.
2) So auch Bernays 'Lukian und die Kyniker' p. 103.

Auffassung, die größere ἀcέβεια mit der geringeren in Vergleich gesetzt sein sollte; jede Beziehung auf die Christen wird aber, wie mir scheint, ausgeschlossen durch die Worte: τρόπον τινὰ ἀφεcτᾶcι τῶν Ἑλλήνων. Im 2. Jh., als das Christentum immer mehr Boden gewann, trat zu der religiösen Frage, die eigentlich nie ein Hauptmoment in diesem Kampfe bildete (da der Begriff 'Religion' damals noch so gut wie unbekannt war), eine neue: die Nationalitätsfrage. Die Juden hatten von Anfang an ihre nationale Individualität aufrecht gehalten, so stark auch an gewissen Orten die Hellenisierung Fortschritte machte (vgl. Mommsen, röm. Gesch. V p. 491 ff.); nur der Jude Philo, der mit rücksichtsloser Konsequenz den Standpunkt vertrat, daß die gesamte hellenische Wissenschaft und Kultur aus der hebräischen abgeleitet sei, hat die Identität von Hellenen und Juden im Gegensatz zu den βάρβαροι in der Weise behauptet, daß er im Widerspruch mit den thatsächlichen Verhältnissen die Sprache als unterscheidendes Merkmal hinstellte: alle nicht griechisch sprechenden Juden rechnet er zu den βάρβαροι, die übrigen zu den Ἕλληνεc (vgl. Cumont 'Philo de aetern. mundi' praef. p. VIII). Mit viel größerer Heftigkeit entbrannte dieser Racenkampf, als das Christentum, durch die Verfolgungen gezwungen, sich immer mehr organisierte und vom Heidentum abschloß. Insofern das Christentum aus dem Judentum hervorgegangen war, galten seine Vertreter als βάρβαροι; vgl. Orig. c. Cels. I 2 βάρβαρόν φηcιν (Κέλcοc) ἄνωθεν εἶναι τὸ δόγμα, δηλονότι τὸν Ἰουδαϊcμόν, οὗ Χριcτιανιcμὸc ἤρτηται. Die Christen selbst gingen darauf ein. Tatian sehr oft, z. B. c. 1 τὰ τῶν βαρβάρων (näml. der Christen) δόγματα, c. 35 ἡ καθ᾽ ἡμᾶc βάρβαροc φιλοcοφία, wie noch in viel späterer Zeit Julian den Christen den Gebrauch der griechischen Sprache verbieten wollte (Greg. Naz. or. in Iulian. I c. 100 ff.). Als sich aber im Laufe der Zeit die Christen von den Juden mehr und mehr absonderten, kam neben dieser Einteilung eine andere auf, die zum ersten Mal in der Zeit des Antoninus Pius begegnet: an diesen richtete der christliche „Philosoph" Aristides aus Athen eine Bittschrift für die Christen[1]), deren lange angezweifelte Echtheit jetzt außer Frage gestellt ist. In dieser heißt es (nach der englischen Übersetzung der syrischen Vorlage, die ihrerseits wieder aus dem griechischen Original übersetzt ist) c. 2 p. 36: „This is plain to you, o king, that there are four races of men in the world: Barbarians and Greeks, Jews and Christians." Etwa um dieselbe Zeit pflegt Justin so einzuteilen: 1) Griechen (d. h. die griechisch redenden Heiden), 2) Barbaren (d. h. die auch früher so genannten, einschließlich der Juden), 3) Christen, vgl. Otto zu Justin apol. I c. 5 p. 19; ebenso Tatian (neben der oben angeführten Scheidung) sehr oft, vgl. Otto zu Tat. or. ad

---

1) Ed. Harris-Robinson in 'Texts and studies, contributions to biblical and patristic literature' (Cambridge 1891).

Gr. c. 1 Anf. und Zahn 'Tatians Diatessaron' p. 271, 2.[1]) Auch Tertullian kennt diese Unterscheidung, vgl. ad nat. I 8 'tertium genus dicimur' (cf. c. 20) und Scorpiace c. 10 'usquequo genus tertium?' In Rom verwehrte man es den Christen, sich Römer zu nennen: apolog. 35. 36. Unter diesen Umständen halte ich es für ausgeschlossen, dafs Aristides in einer von Beleidigungen unerhörter Art strotzenden Invektive, wäre sie gegen die Christen gerichtet, diese nur als „in gewisser Beziehung" von den Hellenen getrennt bezeichnet haben sollte. Wir werden diesen Ausdruck zu verstehen haben nach Analogie der beleidigenden Äufserung, die Epikur gegen die Kyniker gebrauchte, wenn er sie (offenbar wegen ihres durchaus unhellenischen Wesens und ihrer Bevorzugung der Barbaren) ἐχθροὶ τῆς Ἑλλάδος nannte (fr. 238 Us.). — Endlich lese man die lange Reihe der Vorwürfe, die Aristides seinen Gegnern macht, ihre Lüsternheit, Schwelgerei und Zudringlichkeit: dafs dies weder auf die Christen in der Gesamtheit noch auf die philosophisch gebildeten Christen, die hier allein in Betracht zu ziehen wären, pafst, liegt auf der Hand. Nun ist ja freilich damals in geradezu unglaublicher Weise auf heidnischer Seite über den Lebenswandel der Christen gelogen worden: aber Aristides würde seine Leser doch gewissermafsen absichtlich irre geführt haben, wenn er zu einer Invektive gegen die Christen die meisten Züge geborgt hätte von den damaligen heidnischen Philosophen der Gasse, den Kynikern. Denn wer erinnert sich nicht beim Lesen der Aristidesstelle an die ganz verwandte Schilderung, die Lukian so oft von den Kynikern seiner Zeit entwirft?

Diese Thatsachen überheben uns einer Widerlegung der von den alten Erklärern des Aristides (Palmer, Jebb) mit einer Fülle angeblicher Beweise vorgetragenen Ansicht, dafs die Polemik des Aristides sich gegen die Christen richte. Mehrere dieser Beweise sind bereits von Baumgart a. a. O. mit Erfolg zurückgewiesen worden, andere erledigen sich beim ersten Durchlesen; nur auf einen möchte ich doch ganz kurz eingehen, da er entschieden auf den ersten Blick grofse Probabilität zu haben scheint und bisher noch nicht eigentlich widerlegt ist. p. 404 f. sagt Aristides: καταδύντες δὲ εἰς τοὺς χηραμοὺς ἐκεῖ τὰ θαυμαστὰ σοφίζονται, σκιᾷ τινι λόγους ἀνασπῶντες, ἔφης ὦ Σοφόκλεις. Das ist von Jebb auf die geheimen nächtlichen Konventikel der Christen bezogen worden, dieser 'latebrosa et lucifugax natio, in publicum muta, in angulis garrula', wie der Heide im Dialog des Minucius Felix (c. 8, 4) die Christen nennt. Baumgart a. a. O. weist das zurück mit den Worten, es sei hierin zu erkennen „eine ironische Verspottung dieser 'Philosophen', die sonst kein Wort zu reden wissen, in ihren 'Spelunken' aber wundersam klug zu diskutieren verstehen". Ich halte diese Entgegnung für richtig und

---

[1]) Ebenso später Julian, vgl. Cyrillus adv. Iul. 43 A (= Iuliani libri contra Christianos ed. Neumann p. 164, 9).

glaube sie durch folgende gegen die Philosophen gerichteten Worte Tatians or. ad Gr. c. 26 (p. 28, 10 ff. Schw.) stützen zu können: φυcώμενοι μὲν διὰ δόξηc, ἐν δὲ ταῖc cυμφοραῖc ταπεινούμενοι παρὰ λόγον καταχρᾶcθε τοῖc cχήμαcι· δημοcίᾳ μὲν γὰρ πομπεύετε, τοὺc δὲ λόγουc ἐπὶ τὰc γωνίαc ἀποκρύπτετε. Tatian spielt hier, wie die Erklärer anmerken, auf die Worte des Kallikles in Platons Gorgias 485 D an: ὃ γὰρ νυνδὴ ἔλεγον, ὑπάρχει τούτῳ ἀνθρώπῳ (nämlich einem, der πρεcβύτεροc ὢν ἔτι φιλοcοφεῖ), κἂν πάνυ εὐφυὴc ᾖ, ἀνάνδρῳ γενέcθαι φεύγοντι τὰ μέcα τῆc πόλεωc καὶ τὰc ἀγοράc ....., καταδεδυκότι δὲ τὸν λοιπὸν βίον βιῶναι μετὰ μειρακίων ἐν γωνίᾳ τριῶν ἢ τεττάρων ψιθυρίζοντα. Wahrscheinlich hat auch Aristides diese platonische Stelle[1]) vor Augen gehabt, worauf der Ausdruck καταδῦναι schliefsen läfst; für γωνία hat er das starke χηραμός gesetzt, wie Themistius or. 23 p. 284 B beide Ausdrücke verbindet: ἐν γωνίαιc που καταδεδύκαcι ἢ χηραμοῖc („Schlupfwinkel"). —

Eine ähnliche Meinungsverschiedenheit in der Frage, ob Kyniker oder Christen zu verstehen seien, hat lange über der Schrift Lukians 'de morte Peregrini' gewaltet, die fast alle als eine Invektive gegen die Christen auffafsten, bis Bernays in dem Buch 'Lukian und die Kyniker' nachwies, dafs in erster Linie die Kyniker angegriffen wurden und auf die Christen nur gelegentliche Seitenhiebe fielen.

Oft ist man endlich so weit gegangen, christliche Interpolationen anzunehmen oder sonst auf irgend eine Weise die Vermischung von Christlichem mit Heidnischem, die in Wirklichkeit gar nicht bestand, zu erklären. Der milde menschenfreundliche Charakter des Kynikers Demonax, wie ihn Lukian in dessen Lebensbeschreibung §§ 7—10 schildert, schien A. Schwarz („Über Lucians Demonax" Z. f. d. ö. G. 1878, 574 ff.) an einem Heiden so unbegreiflich, dafs er die bezeichneten Paragraphen als christliche Interpolation ausscheiden wollte, worin ihm schwerlich jemand beistimmen wird. In einem ähnlichen Irrtum war Hilgenfeld (Z. f. wiss. Theol. 1880 p. 60) befangen, wenn er in der Schrift 'de libertate sapientis', die er für eine von Philo verfertigte Überarbeitung eines alten philosophischen Traktates hielt, den § 11 deshalb als jüdische „Interpolation" aus der ursprünglichen Fassung herausschneiden wollte, weil die in diesem Paragraphen angeführten Beispiele von ἐνάρετοι βάρβαροι seiner Meinung nach unmöglich von einem Hellenen herrühren könnten. Dafs dies verkehrt ist, liegt auf der Hand: wie das meiste andere, so fand Philo auch dies in seinem den strengen Standpunkt der alten Stoa resp. des Kynismus vertretenden Gewährsmann.

---

1) Sie wurde überhaupt viel citiert, z. B. auch von Cicero de or. I 13, 57.

## III.

## Philosophische Ansichten über die Entstehung des Menschengeschlechts, seine kulturelle Entwicklung und das goldne Zeitalter.

Die Scholien des Proklos und Tzetzes zu Hesiods Erga sind deshalb von grofsem Wert, weil sie uns aus dem gelehrten Kommentar des Plutarch zu diesem Gedicht interessante Mitteilungen aufbewahrt haben; letzterer interpretierte die Erga unter dem für Dichtererklärung seit Sokrates und den Sophisten mafsgebenden Gesichtspunkt des προτρέπειν εἰc ἀρετὴν und ἀποτρέπειν ἀπὸ κακίαc und bot zu diesem Zweck alles Material auf, was ihm die Philosophie und die Geschichte an die Hand gab. Die Scholien des Proklos sind in unsern Handschriften blofs excerpiert[1]) und auch mit fremdartigen z. T. christlichen Zusätzen versehen, der Kommentar des Tzetzes ist dagegen ganz erhalten, er verdankt seine beste Gelehrsamkeit natürlich dem Proklos um so mehr, als er in bekannter Manier auf ihn schimpft; ob er den Kommentar des Plutarch, den er öfters citiert, noch selbst gelesen hat oder ob er ihn blofs aus Proklos kennt, läfst sich nicht entscheiden, da letzterer, wie bemerkt, blofs in Excerpten vorliegt. Wahrscheinlich aber hat Tzetzes seine ganze Weisheit, so weit sie sich nicht als seine eigne in unverkennbarer Deutlichkeit kundgiebt, aus Proklos geschöpft, dessen Kommentar, wie Tzetzes öfters hervorhebt, sehr ausführlich war. Die mit dem Namen des Plutarch bei Proklos und Tzetzes erhaltenen Fragmente sind in dem 5. Bande des Didot'schen Plutarch p. 20 ff. zusammengestellt; einige sind, obgleich sie nicht ausdrücklich aus Plutarch citiert werden, in die Sammlung aufgenommen, weil sie formell wie inhaltlich keinem andern als ihm angehören können; die Zahl derselben liefse sich leicht vermehren (besonders auch durch Berücksichtigung der in anderen Schriften Plutarchs erklärten Hesiodverse), wie jeder, der die Kommentare durchliest, empfindet: man darf sagen, dafs so gut wie alle philosophische und historische Gelehrsamkeit dem Plutarch gehört; was übrig bleibt, verrät in jedem Satz den Neuplatoniker oder den Byzantiner. Doch kann diese Frage für die nachfolgende Untersuchung auf sich beruhen. (Vgl. im Allgemeinen Usener Rh. M. 22, 587 ff.)

Hesiod erzählt in den Erga V. 42 ff. den Feuerraub des Prometheus und seine Bestrafung. Dazu führt Tzetzes p. 38 ff. der Baseler Ausg. 1512 = p. 57 ff. der Poetae Minores Graeci ed. Gaisford 1820 folgende allegorische Deutung an: Prometheus, d. h. der vorschauende Mensch, sieht einen vom Blitz getroffenen Baum auflodern, er erkennt kraft seiner προμήθεια, dafs ihm das Feuer nützlich sein könne und weifs es sich zu bewahren; die Folge davon ist, dafs zum Unglück für das

---

[1]) Einen Begriff von dem vollständigen Kommentar kann man sich machen aus der von Proklos selbst im Kommentar zu Platons Republik vorgebrachten Erklärung von Hesiod v. 109 ff (in Pitras Anal. Sacr. V 182).

bisher bedürfnislose Menschengeschlecht die Künste erfunden werden, wie z. B. statt auf der Erde, auf Teppichen zu schlafen. Dies über die Menschen hereinbrechende Unheil habe der Dichter Pandora genannt. Woher stammt diese Deutung? Von vornherein ist man geneigt, in den Kommentaren des Tzetzes zur Theogonie und zu den Werken an die älteren Stoiker zu denken, deren nachweislich sehr intensive Beschäftigung mit diesem Dichter nicht blofs in den Scholien zur Theogonie, sondern auch in den Kommentaren des Proklos und Tzetzes zu den Erga viele Spuren zurückgelassen hat.[1]) Allein hier liegt die Sache nicht so einfach. Bei Tzetzes heifst es folgendermafsen (p. 39 ff. ed. Bas. p. 58 f. Gaisf.)[2]): φαcὶν ῞Ελληνεc, ὅcοι τὸν κόcμον γεννητὸν εἶναι λέγουcιν, ὅτι μετὰ τὸ διαρραγῆναι τὸ ῎Ερεβοc καὶ τὸν ἀέρα cυcτῆναι καὶ ὑποcτῆναι τὴν γῆν πηλώδη καὶ παντελῶc ἁπαλήν, cηπεδονώδειc καὶ πομφολυγώδειc ὑμέναc ἐκ ταύτηc ἀναδοθῆναι, ὧν ὑπὸ τοῦ ἡλίου θερμαινομένων ἡμέραc, νυκτὸc δὲ τρεφομένων ταῖc cεληναίαιc ὑγρότηcι καὶ μετὰ τὴν αὔξηcιν ἐκραγέντων, ἀνθρώπουc cυνέβη γενέcθαι καὶ παντοίων ζῴων ἰδέαc πρὸc τὴν cτοιχειακὴν ἐπικράτειαν, τὴν ὑδατώδη φημὶ καὶ πυρώδη καὶ ἀερώδη. κατεξικμαcθείcηc δὲ τῆc γῆc ὑφ' ἡλίου καὶ μηκέτι γεννᾶν δυναμένηc, ἐξ ἀλληλογονίαc φαcὶ τὴν γέννηcιν γίνεcθαι. ὅτι δὲ ζῷα γεννᾶν οἶδεν ἡ γῆ, δεικνύουcι πολλαχόθεν καὶ ἐκ τῶν ἐν Θηβαΐδι τῇ Αἰγυπτίᾳ γεννωμένων μυῶν μετὰ τὴν τοῦ Νείλου τῆc ἀναβάcεωc ὑποχώρηcιν. Bevor wir die weiteren Worte des Tzetzes prüfen, können wir uns schon hier fragen, wer die von ihm angeführten Philosophen sind. Dafs das Menschengeschlecht aus der feuchten Erde durch Vermittlung der Sonnenwärme emporgesprossen sei, haben freilich auch viele vorsokratische Naturphilosophen behauptet[3]) und Plato deutet auf diese Ansicht hin im Mythus des Politicus 272 A[4]), aber eine wörtlich mit der angeführten Stelle des Tzetzes

---

[1]) Flach 'Glossen und Scholien zur hesiodischen Theogonie', Leipzig 1876. Für die Erga fehlen alle Arbeiten, wie überhaupt für die indirekte Überlieferung Hesiods, besonders insoweit sie die Beschäftigung mit diesem Dichter in den Philosophenschulen betrifft, noch nichts geschehen ist, obgleich der Stoff von den ältesten bis spätesten Zeiten ein grofser und dankbarer ist (für Plato vgl. Th. Heine 'de ratione quae Platoni cum poetis Graecorum intercedit, qui ante eum floruerunt' diss. Bresl. 1880 p. 22 ff. Einige Andeutungen bei Dümmler 'Prolegg. zu Platons Staat' 1891 p. 32, 2). Auch für Homer ist diese Arbeit längst nicht abgeschlossen. Für Theognis, den protreptischen Dichter κατ' ἐξοχήν, werden wir demnächst eine diese Frage betreffende Abhandlung erhalten.

[2]) Natürlich hat es sich Tzetzes nicht entgehen lassen, denselben Gedanken auch anderswo anzubringen: in seiner ἐξήγηcιc εἰc τὴν Ὁμήρου Ἰλιάδα findet sich die nämliche Sache ausgeführt, nur bedeutend kürzer (p. 55 ff. ed. G. Hermann Leipz. 1812).

[3]) Vgl. Zeller (aufser den betr. Stellen seiner 'Gesch. d. gr. Ph.') 'Über die griechischen Vorgänger Darwins' in den 'Abh. d. Berl. Ak.' 1878 p. 111 ff.

[4]) Dort heifst es von dem goldnen Zeitalter: πολιτεῖαί τ' οὐκ ἦcαν οὐδὲ κτήcειc γυναικῶν καὶ παίδων. ἐκ τῆc γὰρ ἀνεβιώcκοντο πάντεc.

übereinstimmende philosophische Lehre ist uns nur aus einem System bekannt, nämlich dem des Epikur. Censorin sagt de die nat. 4, 9 (fr. 333 Usener) 'Democrito Abderitae ex aqua limoque primum visum esse homines procreatos. nec longe secus Epicurus: is enim credidit limo calfacto uteros nescio quos radicibus terrae cohaerentes primum increvisse'. Weiter ausgeführt lesen wir dasselbe bei Lucretius V 783 ff., aber ein glücklicher Zufall hat uns auch das griechische Original erhalten wenn auch verkürzt und wahrscheinlich in etwas veränderter Form; denn es ist längst erkannt, dafs Diodor in dem kurzen Überblick über die Kosmogonie und Anthropologie, den er im Anfang seines Werkes (I c. 7 f.) giebt, der epikureischen Lehre gefolgt ist.[1]) Seine Auseinandersetzung stimmt nun fast wörtlich mit Tzetzes und zwar ist die Übereinstimmung eine so vollkommene, dafs man gezwungen ist anzunehmen, der Byzantiner habe hier den gern gelesenen Autor ausgeschrieben. Sehen wir nun, was bei Tzetzes weiter folgt. οἱ τότε δὲ τῶν ἀνθρώπων ἁπλότητος ὄντες ἁπάσης καὶ ἀπειρίας ἀνάμεστοι οὐδεμίαν οὔτε τέχνην οὔτε γεωργίαν ἠπίσταντο οὔτ᾽ ἄλλο οὐδὲν οὔτε ὅ τι ἐστὶ νόσος ἢ θάνατος ἐπεγίνωσκον, ἀλλ᾽ ὡς ἐπὶ κοῖτον ἐπὶ τὴν γῆν πίπτοντες ἀπέψυχον οὐκ εἰδότες ὃ πάσχουσι· φιλαλληλίαν δὲ μόνον ἀσκοῦντες ἀγελαῖον διέζων τὸν βίον δίκην ποιμνίων ἐπὶ νομὰς ἐξιόντες καὶ τοῖς ἀκροδρύοις κοινῶς καὶ τοῖς λαχάνοις τρεφόμενοι καὶ ἀλλήλοις κατὰ θηρίων προσεβοήθουν καὶ συνεμάχοντο γυμνοὶ γυμναῖς ταῖς χερσί. γυμνοὶ δὲ οὕτω τυγχάνοντες καὶ σκέπης καὶ χρημάτων ὄντες ἐπιδεεῖς καὶ μηδὲ καρποὺς καὶ ἀκρόδρυα πρὸς ἀποθήκας συναγαγεῖν εἰδότες ἀλλὰ μόνην ἐσθίοντες τροφὴν τὴν ἐφήμερον, χειμῶνος γεγονότος, πολλοὶ διεφθείροντο. λοιπὸν κατὰ μικρὸν τὴν ἀνάγκην σχόντες διδάσκαλον τὰ κοῖλα τῶν δένδρων καὶ τὰ δασέα καὶ τὰς σχισμὰς τῶν πετρῶν καὶ τὰ σπήλαια ὑπεδύοντο καὶ τοὺς τῶν καρπῶν δυναμένους φυλάττεσθαι μόλις γνωρίσαντες καὶ ἅπαξ αὐτοὺς συναγείροντες ἐν τοῖς σπηλαίοις συναπετίθεντο καὶ τούτοις ἐτρέφοντο δι᾽ ὅλου ἐνιαυτοῦ. τοιαύτη ζυζῶντες τῇ εἱμαρμένῃ βίον ἁπλοῦν καὶ ἀπέριττον καὶ φιλάλληλον εἶχον δίχα πυρὸς ἐπιγνώσεως, οὐ βασιλεῖς, οὐκ ἄρχοντας, οὐ δεσπότας κεκτημένοι, οὐ στρατείας, οὐ βίας, οὐχ ἁρπαγάς, ἀλλὰ φιλαλληλίαν μόνον καὶ τὸν ἐλεύθερον καὶ ἀπέριττον τοῦτον βίον ζῆν εἰδότες. ἐπεὶ δὲ προμηθέστεροι γεγονότες ... τὸ πῦρ ἐφεῦρον, ..... τὴν τοῦ ἀπερίττου καὶ ἐλευθέρου βίου ἐκείνου μετέστρεψαν διαγωγήν .... κἀκ τῆς χρήσεως τοῦ πυρὸς αἱ τέχναι προσεφευρέθησαν, δι᾽ ὧν ὁ βίος κοσμεῖται καὶ τὰ ἡδέα ἡμῖν καὶ τερπνὰ καὶ ἁβρότατα γίνεται, δίκην γυναικὸς ἡμᾶς καταθέλγοντα καὶ τρυφερωτέρους ἀπεργαζόμενα, ὃ καλεῖ πλάσιν γυναικὸς ὁ ποιητής. ἐπεὶ ταῦτα ποθήσαντες ἐξευρήκαμεν, καθ᾽ ἑαυτῶν ἐκτησάμεθα τὴν πανουργίαν ταύτην ... καὶ

---

1) Zuerst bemerkt von Woltjer 'Lucretii philosophia cum fontibus comparata' Groningen 1877 p. 138 ff., seitdem allgemein anerkannt, vgl. Zeller 'Phil. d. Gr.' III,³ 415, 2. Usener 'Epicurea' p. 380. Vgl. jetzt auch Rh. M. 47, 439 f.

τῶν τεχνῶν ἁπαςῶν τὴν ἐφεύρεςιν καὶ τὴν ἐκ τοῦ ἀπερίττου καὶ ςκληροῦ βίου ἐκείνου ἐπὶ τὸ θηλυπρεπέςτερον καὶ βλακωδέςτερον μεταρρύθμηςιν. ἃ καὶ γυναῖκα Πανδώραν καὶ ἱςτὸν πολυςτήμονα καὶ ἕτερα καλέςει τις μυρία. οὕτω γοῦν ἐκ τῆς τοῦ πυρὸς κλοπῆς, ἤγουν τῆς ἐφευρέςεως καὶ τῆς χρήςεως, ἐφεύρομεν νέον κακὸν ἐπίςπαςτον[1]), τὴν τρυφερωτέραν ταύτην βιοτήν, τὸ ἐπὶ ςτιβάδων καὶ ταπήτων μαλακῶν καθεύδειν, ὅπερ ἀμφαγαπῶμεν. κακὸν δὲ ἡμέτερον, ὅτι ποθοῦντές τι τούτων τῶν λαμπρυνόντων τὸν βίον προςεπικτήςαςθαι οὐδέποτε παυόμεθα καμάτου καὶ ὀϊζύος αἰνῆς. καὶ τὸ πρὶν ζῶντες ἐλεύθεροι καὶ ἀπέριττοι καὶ ἀθόρυβοι νῦν δοῦλοι γεγόναμεν δύςτηνοι, βαςιλεῖς καὶ ἄρχοντας καὶ δεςπότας ἡμῖν ἐπιςτήςαντες καὶ τοῖς οἰκείοις πονήμαςιν ὑπηρετοῦντες αὐτοῖς τρόμῳ πολλῷ· ἐντεῦθεν ἀνδροκταςίαι τε μάχαι τε, ἀνδροφόνοι τε κυδοιμοί. εἰ δὲ ταύτας τὰς τέχνας ... μὴ ἐδέξαντο ..., οὐδέν τι τούτων τῶν δυςχερῶν ... ςυνέβαινεν ἂν ἡμῖν ..., ἀλλ᾽ ἐζῶμεν τὸν μακάριον βίον ἐκεῖνον, τὸν ἐλεύθερον καὶ λιτὸν καὶ ἀπέριττον καὶ φιλάλληλον. Diese Worte finden wiederum ihre genaue stellenweise wörtliche Parallele bei Diodor c. 8[2]) aber mit einer bedeutsamen durchgehenden Abweichung. In der Frage nach der kulturellen Entwicklung des Menschengeschlechtes standen sich im Altertum zwei Ansichten diametral entgegen: nach der einen liegt im Anfang das goldne Zeitalter (wie das Paradies), aus dem im Wechsel der Generationen durch successive Verschlechterung endlich die heutige Welt geworden ist, nach der andern hat sich das Menschengeschlecht von einem tierischen Leben allmählich zu der höchsten Kulturstufe emporgeschwungen. Die letztere Ansicht hat im Altertum ihren konsequenten Vertreter in Epikur gefunden[3]); ein goldnes Zeitalter

---

1) Man bemerke die vielen poetischen Floskeln (besonders im Folgenden), die wohl auf Rechnung des Byzantiners zu setzen sind. Überhaupt verrät im Wortgebrauch manches die ändernde Hand des Spätlings.
2) Doch findet sich manchmal nähere Übereinstimmung des Lucretius mit Tzetzes in Sachen, die bei Diodor fehlen oder anders lauten. Diodor sagt § 7, die Menschen hätten sich durch den Versuch belehrt, in Höhlen geflüchtet, Lucretius (v. 955 ff.): sie hätten gezwungen die Unbilden der Witterung zu meiden, sich in Hainen, hohlen Bergen, Wäldern und Büschen (frutices) aufgehalten: das stimmt mit dem, was wir bei Tzetzes lesen: von der Notwendigkeit (ebenso Epikur selbst epist. ad Herod. § 75 p. 26, 8 Us.) belehrt verbargen sie sich in hohlen Bäumen (was bekanntlich auf richtiger Beobachtung beruht), im Dickicht und in Felsspalten. Ferner: Lucretius erzählt v. 1105 ff., wie ehrgeizige und geistig hervorragende Männer sich im Lauf der Zeit zu Herrschern aufgeworfen hätten und wie dann aus Habsucht und Ehrgeiz Kriege entstanden seien (vgl. fr. 548—560 Us.): ganz ähnlich Tzetzes τὸ πρὶν ζῶντες ἐλεύθεροι κτλ. Nichts hiervon bei Diodor.
3) Die Grundanschauung verdankt er freilich den Peripatetikern, die sich jedoch nur ganz gelegentlich und andeutungsweise darüber äußerten (vgl. Zeller II₂ p. 507 f. 836 f.), relativ am ausführlichsten Theophrast (vgl. Schmekel 'de Ovidiana Pythagoreae doctrinae adumbratione' p. 33 ff.), während Dikäarch bekanntlich der gewöhnlichen Ansicht folgte.

existierte für ihn nicht, konnte ihm auch nur als μῦθος und daher ψεῦδος erscheinen. Er hat das hülflose tierische Leben der Urmenschen in grellen Farben geschildert, was ihm das begeisterte Lob der modernen Anthropologen eingetragen hat. Das 'mutum et turpe pecus' ist jedermann aus der sicher epikureisch beeinflufsten Darstellung des Horatius (sat. I 3, 100) bekannt und auch sonst finden wir bei Schriftstellern, die direkt oder indirekt Epikur folgen, das Elend des Naturmenschen in ähnlicher Weise gezeichnet.[1]) Die angeführten Kapitel Diodors halten diesen Standpunkt fest, aber die Darstellung des Tzetzes weicht hier ab: das primitive Leben des

---

Doch hat keineswegs ein Peripatetiker oder Epikur zuerst diese Vorstellung aufgebracht. Der Glaube an ein entschwundenes goldenes Zeitalter war freilich der am meisten verbreitete, wie jedes Volk seine frühesten Ahnen ein paradiesisches Leben führen läfst, aber dem tieferen Nachdenken konnte die Wahrheit des Gegenteils nicht lange verborgen bleiben: der ganze Prometheusmythus spricht ja in grofsartigster Weise die Überzeugung aus, dafs ein menschenfreundlicher Gott das Menschengeschlecht aus dem tiefsten Elend befreit hat; Aeschylus hat das seinen Prometheus in herrlichen Worten ausführen lassen (v. 212—252) und Protagoras brauchte in seiner Schrift 'über den Urzustand' (περὶ τῆς πρώτης καταστάσεως, vgl. Frei 'quaest. Protag.' 1845 p. 182 f., wogegen Bernays 'ges. Abh.' I 119, 1 nichts Entscheidendes geltend macht), diesen Mythus nicht mehr viel umzugestalten, um den Ideen Ausdruck zu geben, die in den Kreisen seiner Gesinnungsgenossen die herrschenden waren. Denn die Sophisten sind es gewesen, die mit dem populären Märchen vom goldnen Zeitalter konsequent gebrochen haben: während der Redaktor der hesiodischen Erga in ungeschickter Weise auf den Prometheusmythus die geradezu entgegengesetzte Sage von den fünf Geschlechtern folgen läfst, weifs das berühmte Fragment des Poeten der Sophistik, des Kritias (fr. 1 p. 771 Nauck²), nur das zu berichten, was dann später von Epikur des Weiteren ausgeführt wurde (ebenso in Nachahmung des Kritias Moschion fr. 6 p. 813; auch gehört, wie Dümmler 'Akademika' p. 279 bemerkt, Euripides Suppl. 201 ff. hierher, wo übrigens die Nachahmung von Aesch. Prom. 447 ff. unverkennbar ist, vgl. besonders Aesch. v. 469 f. = Eur. 209 f., Aesch. v. 486 ff. = Eur. 211 ff.). Dafs auf der anderen Seite die ängstlichen Hüter populärer Anschauungen, die Stoiker, die verbreitete Sage vom goldnen Zeitalter nicht aufgaben, ist an sich selbstverständlich, wir wissen es auch besonders aus Arat; darüber hat einiges zusammengestellt E. Graf in seiner wenig brauchbaren Abhandlung 'ad aureae aetatis fabulam symbola' Lpz. Stud. VIII (1885) p. 43 f. 47 f. (hinzuzufügen ist Sext. Emp. adv. math IX 28).
[1]) Plin. n. h. VII Anf., Vitruv. II 1. Auch schol. Od. γ 441: λέγουσιν, ὅτι δίκην ἀγρίων ζῴων καὶ ἀλόγων ἕζων τὸ παλαιὸν οἱ ἄνθρωποι διὰ τὸ cῖτον μὴ εἶναι μηδ' ἄλλο τι οἰκεῖον τοῖς ἀνθρώποις, βοτάνας δὲ καὶ ἄκρα δένδρων ἤσθιον (das lächerliche ἄκρα δένδρων wird verständlich, wenn man eine Umschreibung des bei Tzetzes stehenden Wortes ἀκρόδρυα annimmt, das die Lexikographen mit ἀρχαὶ τῶν δένδρων erklären. Dasselbe Mifsverständnis begingen manche, die im Ev. Matth. 3, 4 die ἀκρίδες, welche Johannes der Täufer afs, als ἀκρόδρυα und diese als ἄκρα δρυῶν erklärten, worüber vgl. die Lebensbeschreibung Gregors v. Nazianz von Gregorius Presbyter in Mignes Patrol. vol. 35 p. 263 mit der Anm. das.). Das Wort war typisch in dieser Sache, auch der Sibyllinist kennt es in seiner Beschreibung des goldenen Zeitalters: III 746.

Urmenschen, der seine Tage im erbittertsten Kampf ums Dasein elend fristen mufs¹), wird als das Ideal gepriesen, an dessen Stelle seit der Erfindung des Feuers und der dadurch bedingten ersten Entfaltung der Civilisation die moralisch durch und durch verdorbene Welt von heute getreten ist. Wie haben wir uns diesen Zwiespalt zu erklären? Die Antwort ist leicht, wenn wir einen Blick auf die Darstellung des Lucretius werfen. Nachdem er das Leben der elenden (944) und hülflosen (998) Sterblichen geschildert hat, schlägt er plötzlich von Vers 999 an einen anderen Ton an: „aber damals gab es keinen Krieg, keine Schiffahrt; während damals Mangel an Speise oft den Tod herbeiführte, begräbt uns jetzt der Überflufs. Seit der Erfindung des Feuers begann das Menschengeschlecht zu verweichlichen, denn nun wurde die Erbauung von Hütten nötig gegen die Kälte des Winters." Diese Züge passen schlecht zu der früheren Darstellung, sie tragen ebenso wie die betreffende Partie des Tzetzes den Stempel, der den unzähligen Schilderungen des goldnen Zeitalters von Hesiod an bis in die späteste Zeit aufgeprägt ist. Es bestehen offenbar zwei Möglichkeiten, diesen Widerspruch zu erklären: entweder haben sowohl Lucretius wie der Gewährsmann des Tzetzes die epikureische Ansicht mit heterogenen Bestandteilen kontaminiert oder aber: die Widersprüche waren bereits bei Epikur selbst vorhanden.

Betrachten wir zunächst die erste Möglichkeit. Welcher Art war denn die fremdartige Darstellung, die beide mit der epikureischen zusammengearbeitet haben sollen? Es käme nur die kynische Ansicht in Frage, die allerdings in auffälliger Weise sich mit der Darstellung besonders bei Tzetzes berührt. Dio Chrysostomus (VI 206 f. Reiske) läfst dieselbe von Diogenes referieren. Nachdem dieser in der bekannten Manier auseinandergesetzt hat, wie viel besser es doch die Tiere haben als wir Menschen, fährt er fort: daher ist Prometheus mit Recht von Zeus bestraft worden, weil er den Menschen das Feuer, dessen Besitz sie von den Tieren scheidet, verliehen hat; denn wäre das Feuer etwas Gutes, so würden die neidlosen Götter dasselbe dem Menschengeschlecht sicher nicht vorenthalten haben. Die Erfahrung hat denn auch gezeigt, dafs die Menschen, seitdem sie sich im Besitz

---

1) Dafs der Autor, dem Tzetzes im ersten Teil folgt, das Leben der Naturmenschen wirklich als ein elendes aufgefafst hat, ist in den angeführten Worten mit genügender Klarheit ausgesprochen, es läfst sich aber noch deutlicher aus Folgendem erkennen: Hesiod sagt von den Menschen, bevor Pandora zu ihnen gekommen war (90 ff.):

Ζώεσκον ἐπὶ χθονὶ φῦλ' ἀνθρώπων
νόσφιν ἄτερ τε κακῶν καὶ ἄτερ χαλέποιο πόνοιο
νούσων τ' ἀργαλέων.

Hierzu bemerkt Tzetzes (p. 59 ed. Bas., p. 85 Gaisf.): ἀπορία. πῶς δὲ τλημαθέστατον μᾶλλον καὶ οἰκτρὸν βίον ζώντων ἐκείνων τῶν πρίν. οὗτός φησι ζῆν ἐκείνους χωρὶς πόνων καὶ νούσων; λύσις· τλημαθῶς μὲν καὶ ἐπιπόνως ἔζων καὶ νοσερῶς, ἀλλ' οὐκ ᾔδεισαν ὃ πάσχουσιν.

dieser gefährlichen Gabe befinden, der Verweichlichung und Üppigkeit verfallen sind, denn sie wissen dieselbe nicht zum Guten zu gebrauchen: sie bauen sich Häuser, sind nicht mehr mit der doch allein naturgemäfsen ohne Feuer zubereiteten Speise zufrieden, verfertigen sich kostbare Kleider und viele andere unnütze oder gar schädliche Dinge. — Die Ähnlichkeit der drei Stellen ist allerdings überraschend, aber trotzdem wird man an eine Kontamination bei Tzetzes und Lucretius nicht recht glauben, einmal weil es unwahrscheinlich ist, dafs beide in derselben Weise Epikureisches mit Fremdartigem verquickt haben sollen, und ferner, weil eine Anlehnung des Lucretius an eine kynische Ansicht, die nicht einmal von den Stoikern übernommen wurde (s. u.), geradezu unerhört ist. Denn wenn man auch eingestehen mufs, dafs Lucretius trotz der grofsen Stabilität der epikureischen Lehre manches aufgenommen hat, was der ursprünglichen Philosophie des Meisters fremd war[1]), so war doch zwischen Epikureern und Kynikern ein ἀκήρυκτος πόλεμος, der jede bewufste Beziehung auf einander ausschlofs.

Da sich nun diese Vermutung als sehr unwahrscheinlich herausgestellt hat, fassen wir die zweite Möglichkeit ins Auge: ist es denkbar, dafs bereits bei Epikur selbst die Widersprüche vorhanden waren? Um diese Behauptung zu erweisen, ist zweierlei notwendig: erstens mufs der Nachweis erbracht werden, dafs die scheinbar so verschiedenartigen Gedanken nicht unvereinbar sind, und zweitens, dafs Epikur wirklich den Standpunkt eingenommen hat, der in dem zweiten anscheinend heterogenen Bestandteil vertreten wird.

Dafs nun die Vorstellungen eines glückseligen und eines rohen Kulturzustandes keineswegs unvereinbar sind, lehrt das Beispiel jedes Volkes, welches einmal eine Periode sentimentaler Naturschwärmerei durchgemacht hat. Von neueren Schriftstellern will ich nur an Rousseau erinnern, da dieser unbewufst genau dieselbe Stellung zu dem Prometheusmythus eingenommen hat, wie wir sie oben kennen gelernt haben. In seinem 'discours sur les sciences et les arts', dessen Hauptzweck war zu beweisen, dafs „avant que l'art eût façonné nos manières et apprît à nos passions à parler un langage apprêté, nos moeurs étaient rustiques, mais naturelles" ('oeuvres complètes' vol. I p. 13), war das Titelblatt geziert mit einer Darstellung des fackeltragenden Prometheus, dem sich ein neugieriger Satyr nähert, Prometheus ruft ihm zu: „Satyre, tu pleureras ta barbe de ton menton, car il brûle quand on y touche". Das wird in dem discours selbst so ausgeführt (p. 26): Prometheus war ein feindlicher Gott, der durch die Gabe des Feuers und der durch dieses bedingten Künste die Ruhe und den Frieden des Menschengeschlechts gestört hat. — Dafs auch

---

1) Das hat an einem Beispiel gezeigt J. Bruns 'Lucrezstudien' 1884; der Gedanke ist, wie mir scheint, ein sehr fruchtbarer und wird bei einer sorgfältigen Analyse des schwierigen Dichters sicher noch neue Resultate ergeben.

im Altertum die Vorstellung eines rohen, aber glückseligen Menschenstammes sehr geläufig war, braucht nicht bewiesen zu werden, doch möge eine Stelle angeführt werden, weil sie auch in ihrer Tendenz der oben ausgeführten epikureischen Ansicht sehr nahe kommt. Plato schildert im 3. Buch der Gesetze den Kulturzustand, auf den die Menschheit durch eine allgemeine Überschwemmung zurückversetzt wird. Fast alle Künste sind verloren gegangen und die wenigen übrig gebliebenen Menschen müssen so gut wie von vorn wieder anfangen. Neben vielem Guten, welches sie vor uns Spätgeborenen voraushaben, sind sie doch auch mit manchen Übeln behaftet, von denen wir frei sind (677 B 678 AB); sie waren freilich einfältiger und ungebildeter und entbehrten mancher Künste, aber dafür waren sie edleren Sinnes, tapferer, enthaltsamer und gerechter, kannten keinen Krieg, waren frei von Übermut und andern Fehlern (678 E—679 E). Man braucht bei diesen Urmenschen, wie sie Plato schildert, die Rohheit einerseits und die Unverderbtheit andererseits nur mit etwas stärkeren Farben sich auszumalen, um eine Schilderung zu erhalten, welche der bei Lucretius und Tzetzes vollkommen entspricht. Dafs die Farben aber in der epikureischen Darstellung etwas stärker aufgetragen werden mufsten, folgt mit Notwendigkeit aus einer bedeutsamen Abweichung Epikurs von Plato, über welche unten noch mehr zu sagen sein wird: während nämlich Plato zur Wahrung der Tradition (cf. 677 CD) einige Menschen die grofse Flut überleben und wenigstens einzelne Fertigkeiten und Künste bewahren läfst (cf. 679 A), geht bei Epikur (und bei den Stoikern) das gesamte Menschengeschlecht zugrunde und alles mufs wieder von neuem anfangen.

Es fragt sich nun aber, ob die Vorstellung einer Demoralisierung der Menschheit durch Einführung der Künste sich mit dem verträgt, was wir sonst von diesbezüglichen Äufserungen Epikurs wissen.

Nur scheinbar widerspricht einer solchen Auffassung die Definition der τέχνη, welche als epikureisch überliefert ist (schol. Dion. Thrac. Bekker anecd. II p. 649, 26 = fr. 227b) οἱ μὲν Ἐπικούρειοι οὕτως ὁρίζονται τὴν τέχνην· τέχνη ἐcτὶ μέθοδος ἐνεργοῦcα τῷ βίῳ τὸ cυμφέρον. Denn wenn Epikur auch diejenigen Künste, welche die χρεία das Menschengeschlecht gelehrt hat, als nützlich bezeichnete, so konnte er doch alle Künste, die nur dem Luxus dienen, verwerfen, und nur um diese handelt es sich bei Tzetzes wie bei Lucretius. Wir können freilich nur auf Umwegen diese Ansicht als epikureisch nachweisen. Man vergegenwärtige sich, dafs Epikur, indem er mit gröfster Einseitigkeit nur die Glückseligkeit als τέλος der Philosophie ansah, nicht nur die gesamte ἐγκύκλιος παιδεία, das, was die Römer die 'liberales artes' nannten, verwarf (vgl. besonders Plutarch 'contra Epicuri beatitudinem' c. 9 ff. und die Fragmente 227 ff.)[1]), sondern auch die Bedürfnislosigkeit der Tiere im Gegen-

---

1) Interessant ist für diese Frage der 88. Brief Senecas, über den

satz zu der anspruchsvollen πολυπραγμοcύνη der Menschen so stark hervorhob, dafs die Gegner ihm und seinen Gesinnungsgenossen schon in früher Zeit wenig schmeichelhafte Vergleiche mit den unsaubersten Tieren angedeihen liefsen. Er hat die ἀφέλεια, die λιτότης und die αὐτάρκεια in allen Dingen, das naturgemäfse Leben in enthusiastischen Worten gepriesen, die einem Antisthenes und Zenon wohl anstehen würden; wenn man die fr. 454—484 liest und sich besonders an den plutarchischen Gryllos erinnert [1]), so wird man ohne weiteres zugeben, dafs die Darstellung des Lucretius mit ihren scheinbar sich widersprechenden Zügen genau so bei Epikur gestanden haben kann. Wenn er sagte, ihm genüge zur Befriedigung der ἐπιθυμίαι ἀναγκαῖαι Wasser und ἀκρόδρυα (fr. 466, 467), so sind es doch gerade die letzteren, die auch in der Darstellung des Tzetzes als die Kost der genügsamen Naturmenschen gepriesen werden, und überhaupt mufsten ihm alle aus den τέχναι resultierenden Genüsse unter die ἐπιθυμίαι οὔτε ἀναγκαῖαι οὔτε φυcικαί fallen, wie man besonders aus fr. 456 ersehen mag.[2])

besonders zu vergleichen sind die Ausführungen Hirzels 'Unters. zu Cic.'s philos. Schr.' II 523, 1. Richtig ist dort hervorgehoben, dafs der propädeutische Wert, den Seneca den liberales artes zugesteht, ebenfalls von den Stoikern betont wurde. Aber Seneca bewegt sich eigentlich in Widersprüchen, denn er zieht von § 3—19 in so heftiger Weise eben gegen diese ἐγκύκλιοc παιδεία los, dafs man nicht begreift, wie er trotzdem ihr auch nur einen relativen Wert in den vorangehenden und folgenden Paragraphen (§§ 1—2, 20 ff.) zugestehen kann. Woher kommt dieser Widerspruch? daher, dafs Seneca stoische und epikureische Anschauungen verquickt hat: die erbitterte Polemik gegen die ἐγκύκλιοc παιδεία ist epikureisch. Auch die Kyniker freilich eiferten von Diogenes bis Menipp gegen dieses Fundament des hellenischen Jugendunterrichtes und die auf den Schwanz des Hundes geschriebene zenonische πολιτεία vertrat denselben Standpunkt. Es ist aber nicht zu bezweifeln, dafs Seneca sich eher an die Epikureer als an die Kyniker anschliefst; im Übrigen ist es belanglos, welche von beiden hier in Betracht kommen, da die Ausführung im Einzelnen offenbar Seneca selbst angehört oder mit Gemeinplätzen operiert (z. B. § 9 = Diogenes bei Laert. D. VI 65, aber auch = Max. Tyr. diss. 18 c. 1).

1) Vgl. besonders c. 9 i. A. in einer ohne Zweifel mit epikureischen Ideen durchsetzten Erörterung: ἀλλ' ἡ τῶν θηρίων φρόνηcιc τῶν μὲν ἀχρήcτων καὶ ματαίων οὐδεμιᾷ χώραν δίδωcι, τὰc δ' ἀναγκαίαc οὐκ ἐπειcάκτουc παρ' ἑτέρων οὐδὲ μιcθοῦ διδακτάc . . . ., ἀλλ' αὐτόθεν ἐξ αὐτῆc . . . ἀναδίδωcιν.

2) Für die häufige Bezugnahme Epikurs auf die Tiere, die ihm als 'specula naturae' galten (Cic. de fin. II 10 33), vgl. Usener p. 274, 23 adn. Wenn Lucretius V 231 einen Vorzug der Tiere vor den Menschen darin sieht, dafs sie keine 'varias vestes' bedürfen, so tadelt gerade Epikur als eine ἐπιθυμία οὔτε φυcική οὔτε ἀναγκαία den Gebrauch solcher Kleider (fr. 456 p. 295, 16 ff.). Interessant ist zu sehen, was gegen das epikureische Dogma von der Bevorzugung der Tiere durch die Natur die Stoiker geltend machten. Ebenso wie Lucretius ganz allgemein sagt (a. a. O.): den Tieren 'omnia large | tellus ipsa parit naturaque daedala rerum', so sagt der Epikureer Celsus bei Origenes contr. Cels. IV 76 mit specieller Beziehung auf die τροφή: ἡμεῖc μέν γε κάμνοντεc καὶ προcτα-

Der Vollständigkeit halber mag für die Vorstellung, dafs durch die Künste das Verderben über das zuvor glückselige Menschengeschlecht hereingebrochen sei, noch hingewiesen sein auf den 90. Brief Senecas, wo dieser Standpunkt aufs schärfste hervortritt. Die bei Seneca referierte Ansicht des Posidonius vom goldnen Zeitalter war folgende: in ihrem Urzustande lebten die Menschen in sehr primitiver Weise in Höhlen oder hohlen Baumstämmen, ihre Nahrung bestand aus dem, was die Erde unbebaut ihnen überreichte; sie waren zwar zufrieden, aber es fehlte doch viel, dafs sie ein glückliches Leben führten, zu dem auch äufsere Annehmlichkeiten gehören. Diese wurden ihnen nun zugänglich gemacht durch die Könige des goldnen Zeitalters, nämlich die Philosophen. Denn sie waren es, welche die Künste erfanden, z. B. den Häuserbau (§ 7), Werkzeuge (§ 13 f.), Webekunst (§ 20) u. s. w., und zwar folgten sie dabei den von der Natur gegebenen Andeutungen (§ 12, 22 f.). Gegen diese Ansicht des Posidonius polemisiert nun Seneca in der heftigsten Weise. Er hebt bei jeder einzelnen Kunst das Verderbliche ihrer Erfindung hervor[1]), z. B. § 8 'quid ais? philosophia homines docuit

λαιπωροῦντες μόλις καὶ ἐπιπόνως τρεφόμεθα, τοῖς δ' ἄσπαρτα καὶ ἀνήροτα πάντα φύεται. Mit diesen Worten will Celsus die πρόνοια bekämpfen, ebenso wie Lucretius an der angeführten Stelle; Origenes merkt, dafs die ganze Beweisführung ebenso gut wie gegen die Christen auch gegen die Stoiker angewendet werden kann (c. 74) und benutzt zur Widerlegung des Celsus das Material, welches die Stoiker gesammelt hatten in den erbitterten Kämpfen, die sie über diese Frage mit Epikur und besonders Karneades führten; sicher stoisch ist z. B., was er gegen Celsus vorbringt c. 75: εἰ δὲ καὶ τοῖς ἀγριωτάτοις τῶν ζῴων τροφὰς κατεσκεύασεν, οὐδὲν θαυμαστόν· καὶ ταῦτα γὰρ τὰ ζῷα καὶ ἄλλοι τῶν φιλοσοφησάντων (d. h. aufser uns Christen) εἰρήκασι γυμνασίου ἕνεκεν γεγονέναι τῷ λογικῷ ζῴῳ. Damit vergleiche man, was Epiktet in der Diatribe περὶ προνοίας (I c. 6) sagt (§ 32): τί οἴει ὅ τι ὁ Ἡρακλῆς ἂν ἀπέβη, εἰ μὴ λέων τοιοῦτος ἐγένετο καὶ ὕδρα καὶ ἔλαφος καὶ σῦς ..., οὓς ἐκεῖνος ἐξήλαυνε ..; καὶ τί ἂν ἐποίει μηδενὸς τοιούτου γεγονότος; .... τίς δὲ χρῆσις τῶν βραχιόνων τῶν ἐκείνου, εἰ μὴ τοιαῦταί τινες αὐτὸν περιστάσεις καὶ ὗλαι διέσεισαν καὶ ἐγύμνασαν; .... εὔχρηστα ἦν (sc. ταῦτα) πρὸς τὸ γυμνάσαι τὸν Ἡρακλέα.

1) Auf Seneca möchte ich eine Ansicht zurückführen, die Lactantius div. inst. VI 20, 6 ohne Nennung eines Gewährsmannes vorbringt: 'voluptas oculorum varia est et multiplex: quae capitur ex aspectu rerum quae sunt in usu hominum vel natura vel opere delectabiles. hanc philosophi rectissime sustulerunt. aiunt enim multo esse praeclarius et homine dignius, caelum potius quam caelata intueri et hoc pulcherrimum opus intermicantibus astrorum luminibus tamquam floribus adornatum quam picta et ficta et gemmis distincta mirari. sed cum diserte ad contemptum terrestrium nos exhortati sunt et ad caeli spectaculum excitaverunt, tamen etc.' Dafs Lactantius einen lateinisch schreibenden Autor citiert, ist bei ihm von vornherein immer das Wahrscheinlichste, es wird in diesem Fall sicher durch das Wortspiel 'caelata' — 'caelum'. Ich dachte zuerst an Ciceros Hortensius, die Lieblingsschrift des Lactantius, denn in diesem Dialog vertrat Hortensius den Standpunkt des gebildeten Weltmannes, der sowohl an anderen Künsten, die das Leben verschönern und den Sinn erheitern, Gefallen fand, als auch speciell an der Plastik, deren Erzeugnisse

habere clavem et serram? ... parum enim erat fortuitis tegi et sine arte ... naturale invenire sibi aliquod receptaculum? mihi crede, felix illud saeculum ante architectonas fuit' § 18 'non fuit tam inimica natura, ut cum omnibus aliis animalibus facilem actum vitae daret, homo solus non posset sine tot artibus vivere'. § 16 'non desiderabis artifices, si sequere naturam'. § 18 'nos ista pretiosa, nos ista misera, nos magnis multisque conquirenda artibus fecimus'. § 19 omnes istae artes ... corporis negotium gerunt', 'hinc textorum, hinc fabrorum officinae sunt' u. s. w. Nicht Daedalus ist zu bewundern, sondern Diogenes, der seinen Holzbecher fortwarf, als ein Knabe ihm zeigte, wie man ohne einen solchen trinken könne (§ 14); der wahre Weise giebt sich nicht mit so kleinlichen Dingen ab, aber er ist 'artifex vitae'. — Nach dem, was oben ausgeführt wurde, kommen als Gewährsmänner für diese Ausführungen Kyniker oder Epikureer in Betracht[1]), und zwar ist in diesem Fall vielleicht eine Anlehnung an erstere wahrscheinlicher. Denn wenn Dümmler (Akad. p. 244 f.) richtig vermutet hat — und ich wüfste nicht, was man gegen seine Gründe einwenden könnte —, dafs das kurze Referat von ihm zum Schmuck seiner Villa benutzt und überschwenglich gepriesen werden (fr. 3 und 6 Baiter). Cicero weist dagegen diese Auffassung zurück: fr. 43 'caeli signorum ad mirabilem ordinem insatiabilemque pulchritudinem magis spectat'. Hat Lactantius diese Stelle vor Augen gehabt, so mufs er die Worte selbst abgeändert haben. An und für sich würde das kein Ausschlag gebender Grund sein gegen die Benutzung des Hortensius (vgl. fr. 19, 47); aber weist nicht der Ausdruck 'exhortati sunt' eher auf die zweite philosophische Lieblingsschrift des Lactantius, auf Senecas Exhortationes, die sich überhaupt mit der ciceronianischen Schrift inhaltlich stark berührt haben müssen? (vgl. Hortens. fr. 31 mit Sen. fr. 19 Haase).

1) Die älteste Stoa, die Seneca gern der ihm oft zu laxen Moral der jüngeren Schule gegenüberstellt, kommt hier nicht in Betracht. Denn ein Vertreter der älteren Generation (vermutlich Zeno selbst, s. u.) sagt ausdrücklich bei Philo 'de aeternitate mundi' c. 24 (vol. II 512 Mang. = p. 269 Bern.): εἰκὸς γάρ, μᾶλλον δ' ἀναγκαῖον ἀνθρώποις συνυπάρξαι τὰς τέχνας ὡς ἱςήλικας, οὐ μόνον ὅτι λογικῇ φύςει τὸ ἐμμέθοδον οἰκεῖον, ἀλλὰ καὶ ὅτι Ζῆν ἄνευ τούτων οὐκ ἔςτιν (vgl. auch Origenes c. Cels. IV 76, eine Stelle, auf deren stoischen Charakter oben hingedeutet wurde). Wie stimmt das zu dem ὁμολογουμένως τῇ φύςει Ζῆν? Die richtige Beobachtung, dafs die Künste durch Nachahmung der Natur erfunden seien, ist in philosophischen Kreisen früh gemacht worden: der Verfasser der unter den Werken des Hippokrates stehenden Schrift περὶ διαίτης c. 11 entlehnt sie dem Heraklit (Bernays 'Heraclitea' p. 22 ff. = 'ges. Abh.' I p. 20 ff.), auch Aristoteles meteor. IV 3. 381 b 6 sagt: μιμεῖται γὰρ ἡ τέχνη τὴν φύςιν, und Cicero de legg. I 8, 26 (nach stoischer Quelle): 'artes vero innumerabiles repertae sunt docente natura, quam imitata ratio res ad vitam necessarias (vgl. Ζῆν ἄνευ τούτων οὐκ ἔςτιν) sollerter consecuta est'. Nur die Musik war nach ihrer Ansicht von den Göttern erfunden, wenigstens wenn Philodem περὶ μουςικῆς IV 34 p. 106 K. genau berichtet: εἰ δ' εὗρον θεοὶ τὴν μουςικήν, καὶ τὰς ἄλλας τέχνας ἀπεδίδοςαν, οἱ δ' (die Stoiker) ὡς ταύτην μόνην ἀποδόντας ὑμνοῦςιν (in welchem Sinne das zu verstehen ist, scheint aus Philo 'de posteritate Caini' §§ 31. 32 [vol. I 245 f. Mang.] hervorzugehen).

der posidonischen Anschauung, welches Cicero Tusc. V 3 giebt, deutliche Polemik verrät gegen die von Antisthenes im 'Herakles' vertretene Ansicht von der Verwerflichkeit gewisser Künste, so konnte möglicherweise Seneca aus der Schrift des Posidonius selbst die antisthenische Meinung kennen lernen und sich aneignen.[1]) Doch ist natürlich dieser Schluſs nicht zwingend: denn was schon oben bei der Analyse des 87. Briefes bemerkt wurde, trifft auch hier wie überhaupt in den meisten Schriften Senecas zu: dieser Philosoph war ein viel zu groſser Meister in der Rhetorik, als daſs bei seinen Expektorationen im eigentlichen Sinn von einer quellenmäſsigen Benutzung einer bestimmten Vorlage die Rede sein kann, es lassen sich selten mehr als die Hauptströmungen kennzeichnen, in denen er sich jedesmal bewegt.

Zum Schluſs möge noch eins bemerkt werden. Man wird sich vielleicht gegen den Gedanken wehren, daſs aus epikureischen Kreisen eine so eingehende Behandlung eines dichterischen Mythus hervorgegangen sein soll, und wird daher vielleicht lieber annehmen wollen, daſs Plutarch die Ansichten Epikurs über Entstehung des Menschen und Erfindung der Künste seinerseits auf den Prometheusmythus angewendet habe, weil sie ihm zu diesem Zweck passend erscheinen mochten. Diese Möglichkeit ist zuzugeben, andererseits muſs aber hervorgehoben werden, daſs, da die Stoiker auf eine Deutung des Prometheusmythus im Sinne ihrer Lehre von der πρόνοια, die sie auch προμήθεια genannt haben, nachweislich groſses Gewicht legten (s. Flach 'Glossen und Scholien zu Hesiods Theogonie' p. 59 f.), die Gegner der πρόνοια-Lehre sich leicht veranlaſst fühlen konnten, denselben Mythus in alteram partem zu interpretieren. Epikur selbst freilich wird sich schwerlich so weit auf Dichtererklärung eingelassen haben, aber seine Schüler haben sich, wenn sie Dichterzeugnisse auch immer für φορτικά hielten, doch insoweit damit beschäftigt, als es die gerade mit Interpretation von Dichtern so gern operierende Schule ihrer Hauptgegner erforderte; davon finden sich bei Philodem bekanntlich sehr viele Spuren. Daſs sie speciell auf den Prometheusmythus Bezug nahmen, beweist Philod. περὶ εὐϲεβείαϲ p. 50 f. Gomp., wo sich ganz interessante Mitteilungen finden, die aber leider nicht ausführlich genug sind, um uns den Zusammenhang, in welchem sie vorgebracht werden, klar zu machen.

---

Die demokritisch-epikureische Lehre von der Entstehung der Menschen, die wir oben kennen lernten, fand offenbar viel Beifall. Der erste, der sich auf sie bezieht, ist der Peripatetiker Kritolaos, über dessen Ansicht wir zufällig unterrichtet sind, weil Philo in seiner Schrift περὶ ἀφθαρϲίαϲ κόϲμου neben anderen Peripatetikern auch ihn das stoische Dogma vom Weltuntergang widerlegen läſst.

---

1) Das Beispiel des Diogenes müſste er dann selbst als effektvolles Gegenstück zu Daedalus hinzugefügt haben.

Die Stoiker argumentierten so (Philo c. 11): früher hat, wie die Sage von den cπαρτοί beweist, die Erde ganze Menschen erzeugt[1]); dafs sie das jetzt nicht mehr kann, ist ein Zeichen ihres Alters; Altern aber ist μείωcιc und führt weiterhin zur φθορά. Dagegen wendet der Peripatetiker ein: die Sage ist ein ψεῦcμα, welches eigentlich keiner Widerlegung bedarf; aber nehmen wir einmal an, sie sei wahr, so würde etwas ganz anderes daraus folgen: hat nämlich die Erde früher einmal Menschen entsprossen lassen, so müfste sie es auch noch jetzt thun; denn wir sehen ja, dafs die Schöpfungskraft der Erde noch grofs ist: in Ägypten z. B. bringt sie nach den Überschwemmungen alles wieder von neuem hervor. Und zweitens: es ist thöricht und widerspricht den Naturgesetzen, Menschen in ihrer ἀκμή auf die Welt kommen zu lassen wie jene cπαρτοί; aber freilich, die eine Thorheit hat die andere zur Folge: vollgerüstete Männer mufsten sie aus der Erde aufspriefsen lassen, wenn sie einmal diesen thörichten Gedanken gefafst hatten; denn wie hätten Säuglinge am Leben bleiben sollen? diese brauchen Milch, also hätte man der Erde wie einem Weibe aufser der Gebärmutter auch noch Brüste andichten müssen, was absurd ist, da es keine Flüsse von Milch giebt; auch hätten ja die kleinen Kinder Kleider nötig gehabt, um nicht durch Kälte und Sonnenbrand elend zugrunde zu gehen. — Was hier Kritolaos gegen die Möglichkeit, dafs erdgeborene Säuglinge lebensfähig seien, vorbringt, stimmt bis in Einzelheiten mit dem, was Lucretius (V 811 ff.) für diese Ansicht vorbringt. Dafs sich die erdgeborenen Kinder von milchähnlichem Schlamm (ἰλὺc παραπληcία γάλακτοc = 'sucus consimilis lactis' Lucr.) nährten, hatte zuerst Archelaos gelehrt (Laert. D. II 17); ihm wird Demokrit gefolgt sein und vielleicht war schon einer von ihnen beiden dem Einwande, dafs die Säuglinge ohne Schutz gegen Kälte und Hitze umkommen würden, mit einem ähnlichen Argument begegnet, wie wir es bei Lucretius (V 818 ff.) lesen, und zwar eher Demokrit als Archelaos, denn letzterer hob ausdrücklich hervor, dafs die aus der Erde entsprossenen Wesen kurzlebig waren (Hippol. philosoph. 9 p. 564, 5 Diels; ähnlich Anaximander Aet. doxogr. p. 430, 20), vermutlich doch weil ihnen wesentliche Lebensbedingungen fehlten.

Weitere Bezugnahme auf diese Zoogonie fanden wir bei Diodor.[2]) Ihnen schliefst sich noch ein anonymer Spätling an. In der praefatio zu seiner Theophrast-Ausgabe (vol. I p. XXIV ff.) hat Schneider einen Teil eines anonymen Traktats (aus einem cod. Mediceus) ediert, dessen Verfasser verhältnismäfsig sehr gut orientiert ist: er weifs die Systeme antiker Philosophie (z. B. p. XXVII u. a.

---

1) Dieselbe Ansicht bezeugt für jüngere Stoiker Sext. Emp. IX 28.
2) Vgl. auch Aristides or. 3 p. 32 Dind. ἕζων τρόπον θηρίων οἱ πρότερον ἐκεῖνοι, κατὰ χειὰc καὶ χηραμοὺc καὶ δένδρα, οἱ μακάριοι καλούμενοι· ὧν τί ἦν ἀθλιώτερον, μήτε εἰδότων μηδὲν μήτε ἑορακότων μήτ' ἐχόντων, πλὴν ὅcα ἐφ' ἡμέραν ἑκάcτην ἐπ' ἴcηc τοῖc ἀλόγοιc ζῴοιc;

Stoiker, da statt τάξις zu lesen ist τάσις) mit seinen christlichen Anschauungen nicht ohne Geschick in Einklang zu bringen und hat manche gute Nachrichten aufbewahrt, darunter folgende Auseinandersetzung über die Entstehung der Lebewesen: ἐπεὶ τὸ ὕδωρ ἐπὶ τῆς τὴν οἰκείαν χώραν ἐπέλαβεν, αὕτη δὲ διάβροχος οὖσα τὴν οἰκείαν μορφὴν ὑπὸ τοῦ ἡλίου προσβάλλοντος καὶ πρὸς τὸ ξηρότερον μεθίσταντος κατὰ μικρὸν ἀπελάμβανε, φύονται δὴ πρῶτον οὕτω δένδρα τε καὶ φυτὰ καί τινες ὑμένες ἐοικότες πομφόλυξι, αἳ δὴ καθ᾽ ἡμέραν μὲν ὑπὸ τοῦ ἡλίου διαθερμαινόμεναι, νύκτωρ δὲ ὑπὸ τῆς σελήνης καὶ τῶν ἄλλων ἀστέρων θαλπόμεναι, χρόνῳ διαρραγεῖσαι τὰ ζῷα ἀπέτεκον. τούτων δὲ τὰ μὲν ἱκανὴν εἰληφότα πέψιν ἄρρενα καὶ θερμότερα γέγονε, τὰ δὲ τοὐναντίον ὑποστάντα ἐνδείᾳ θέρμης πρὸς τὸ θῆλυ μετεσκεύασται (ein bekanntes Ζήτημα, vgl. Plut. quaest. conv. III 4). καὶ οὐδὲν θαυμαστόν, γῆν ὕδατι σύμμικτον συστήσασθαι τὴν ἀρχὴν ζῷά τε καὶ φυτὰ κατὰ νοῦν τῷ δημιουργῷ (man vergleiche Darwin!), ἐν μὲν τῷ ὕδατι συνέχεσθαι εἰκὸς ⟨ὄν?⟩ πνεῦμα, ἐν δὲ τούτῳ θερμότητα ψυχικήν. δηλοῦσι δὲ καὶ τὰ γενόμενα ζῷα ἐν τοῖς τῆς γῆς χηραμοῖς καὶ ἔτι τὰ ἀπὸ σήψεως ἅπαντα (über das letztere vgl. Aristot. de generat. an. III 11. 762a 25 ff.), καίπερ (l. ἅπερ) οὕτω συστάντα θαυμασίαν ἐμφαίνει τὴν σφῶν αὐτῶν καθάπαξ διάπλασιν. ἀλλ᾽ οὐδὲ μὴν οὐδὲ τοῦτ᾽ οἶμαι ἀπορῆσαί τις ἄν, εἰ μὴ καὶ νῦν οὕτω συνίστασθαι δύναιτο· οὔτε γὰρ ἡ γῆ ἔτι ὁμοίως ἂν συνανακραθείη τῷ ὕδατι, οὔθ᾽ οἱ ἀστέρες ἐν τοῖς αὐτοῖς συνέλθοιεν σχήμασι (d. h. auch die richtigen Wärmeverhältnisse sind nicht mehr dieselben). τὸ γὰρ γίνεσθαί πῃ μέχρι τοῦ νῦν, ὡς ὁ λόγος αἱρεῖ, παραλείπω, πλὴν ὥσπερ τοὐνδόσιμον ἐξ ἐκείνου παραλαβοῦσα (sc. ἡ γῆ) ζῷα μὲν μέγεθος ἔχοντα οὐκέτι φύειν οἷά τ᾽ ἐστί, βοτάνας δὲ καὶ δένδρα καὶ φυτὰ καὶ καρπούς, καὶ τὰ ζῷα σχεδὸν νεκρωθέντα καὶ παγέντα τῷ ψύχει θέρμης τε καὶ ῥώμης ἐμπίπλανται (das ἀναβιώσκεσθαι der Tiere durch Annäherung au warme Gegenstände wird öfters erwähnt). Also dieselbe Vorstellung wie bei Diodor (und Tzetzes), dieselben Beweise, ἀπορίαι und λύσεις, doch mit einigen neuen Momenten, welche eine Abhängigkeit von den genannten Autoren ausschliefsen. Dafs dieser Anonymus seine Weisheit aus irgend einer abgeleiteten Quelle entnommen hat, läfst sich natürlich nicht bezweifeln und zwar scheint in dieser Quelle das specifisch Epikureische beseitigt zu sein. Denn die Hüllen, aus denen die ersten Lebewesen hervorgingen, hat Epikur vermutlich in Anlehnung an Demokrit mit dem sonderbaren, aber sehr bezeichnenden Ausdruck 'uteri' benannt (Lucr. V 808). Dafs derselbe Schwierigkeiten verursachte, beweist die Art und Weise, wie andere Autoren darüber referieren. Censorinus sagt (de die n. 4, 9) 'uteros nescio quos' und Lactantius (inst. div. II 11, 1) 'folliculi quidam in uterorum similitudinem'. Nun nennen Tzetzes und der Anonymus die ὑμένες gleichermafsen πομφολυγώδεις oder πομφόλυξιν ἐοικότες, wodurch die von Epikur hervorgehobene Analogie mit dem menschlichen Uterus völlig verwischt wird. Da es nicht wahrscheinlich ist, dafs beide unabhängig auf denselben Ausdruck gekommen sind und da eine Abhängigkeit des einen vom andern ausgeschlossen ist, so werden beide auf eine gemeinsame Quelle zurückgehen, die von der epikureischen Lehre einiges ganz fortliefs, anderes umgestaltete. Diodor läfst diesen Ausdruck ganz weg.

Ich schliefse noch die Besprechung einer weiteren Vorstellung vom goldnen Zeitalter an, welche mit der oben behandelten eng zusammenhängt.

Bei Vergilius Aen. VII 202 f. sagt der König Latinus zu den Trojanern:

ne fugite hospitium neve ignorate Latinos,
Saturni gentem, haud vinclo nec legibus aequam,
sponte sua veterisque dei se more tenentem.

Schon Servius (zur Aen. VIII 322) und nach ihm neuere Interpreten (vgl. Georgii, Antike Aeneiskritik p. 358) haben darauf hingewiesen, dafs diese Verse im Widerspruch stehen mit folgenden aus Buch VIII:

primus ab aetherio venit Saturnus Olympo,
arma Iovis fugiens et regnis exsul ademptis.
is genus indocile ac dispersum montibus altis
composuit, legesque dedit. (v. 319 ff.)

Nach der ersten Stelle lebte das Urvolk Italiens in Billigkeit und gerechten Sinnes, ohne dafs es durch Gesetze gebunden gewesen wäre, nach der zweiten hat ihm Saturn Gesetze gegeben. Erstere Auffassung ist die gewöhnliche, sie wird auch von Ovidius Met. I 89 ff. in Nachahmung der vergilischen Verse wiedergegeben:

aurea prima sata est aetas, quae vindice nullo
sponte sua sine lege fidem rectumque colebat.
poena metusque aberant.

Die andere Darstellung verstöfst gegen den Sinn der alten Sage, sie setzt eine bewufste Reflexion voraus, welche die im Lauf der Zeit zur Herrschaft gelangte Ansicht von einem ursprünglich rohen Menschengeschlechte mit den vulgären Vorstellungen des goldnen Zeitalters in Verbindung setzen wollte. Unter den Römern vertrat diesen Standpunkt zuerst Varro.[1]) Er setzte, wie Schmekel 'de Ovidiana Pythagoreae doctrinae adumbratione' (1885) p. 27 f. gezeigt hat, an den Anfang ein rohes uncivilisiertes Geschlecht, welches von Saturn in der Kunst des Ackerbaues unterrichtet und wegen seines glückseligen Lebens das goldne genannt wurde. Für den Römer empfahl sich diese Auffassung abgesehen von ihrer dem aufgeklärten Standpunkt angemesseneren Form auch dadurch, dafs die den Griechen

---

1) Dafs nicht blofs die citierten Verse des 8. Buches der Aeneis, sondern auch die weiterhin folgenden ein genaues Studium der varronischen antiquitates verraten, werde ich an einem andern Orte nachweisen.

lange geläufige Anschauung, nach welcher den Menschen des goldnen Zeitalters die Erde alles von selbst (αὐτομάτη) gespendet habe, mit römischen Verhältnissen in Widerspruch kam, sobald Kronos mit Saturn, dem Gott der Saaten, identificiert war. Es läge also die Vermutung nahe, dafs diese vermittelnde Auffassung von einem Römer und zwar dann aller Wahrscheinlichkeit nach von Varro selbst begründet worden sei. Allein diese Meinung wäre irrtümlich: Varro hat wie so vieles Andere diese Neuerung von Posidonius übernommen. Schmekel hat das in seiner 'Philosophie der mittleren Stoa' p. 288, 4 als wahrscheinlich bezeichnet und es spricht in der That sehr vieles dafür: vor allem ist wichtig, dafs die Vorstellung des Posidonius vom goldnen Zeitalter, die wir aus dem 90. Brief Senecas kennen, ebensosehr von den Ansichten früherer Philosophen abweicht wie mit der varronischen übereinstimmt. Er nahm einen rohen Urzustand an, der durch die Philosophen der Vorzeit zum goldnen Zeitalter umgestaltet worden sei, vgl. z. B. § 7 'illa (philosophia) sparsos et aut cavis tectos aut aliqua rupe subfossa aut exesae arboris trunco docuit tecta moliri'. Ein Ansatz zu dieser Modifikation der volkstümlichen Anschauung findet sich aber schon vor Posidonius. Es ist oben bemerkt worden, dafs Varro den Ackerbau im goldnen Zeitalter bekannt sein liefs; dasselbe berichtet Seneca § 21 von Posidonius. Nun sagt aber schon Arat, auf den auch Schmekel hinweist, Phaen. 110 ff. von den Menschen des goldnen Zeitalters:

αὕτωc ἔζωον. χαλεπὴ δ' ἀπέκειτο θάλαcca
καὶ βίον οὔπω νῆες ἀπόπροθεν ἡγίνεcκον,
ἀλλὰ βόες καὶ ἄροτρα καὶ αὐτὴ πότνια λαῶν
μυρία πάντα παρεῖχε Δίκη, δώτειρα δικαίων.

Dies steht in offenbarem Widerspruch zu Hesiod, der die Menschen des goldnen Zeitalters preist, weil die Erde ihnen αὐτομάτη reichliche Früchte spendet, ohne dafs dazu die ἔργα βοῶν nötig seien (Erga 46, 116 f.). Wenn man nun bedenkt, dafs Arat sich in dieser Episode sonst eng an die hesiodische Erzählung anschliefst, so mufs man anerkennen, dafs er hier in bewufster Absicht von seinem Vorbilde abgewichen ist. · Wir erinnern uns jetzt, dafs Zeno, wie oben (p. 421, 1) bemerkt wurde, der Ansicht war, dafs die Künste dem Menschengeschlecht gleichaltrig seien, weil es sich ohne dieselben überhaupt nicht leben lasse. Es ist begreiflich, dafs er zu den Künsten, die zum Leben erforderlich seien, in erster Linie den Ackerbau rechnen und demgemäfs die volkstümliche Anschauung vom goldnen Zeitalter etwas modificieren mufste. Von einem ganz verschiedenen Ausgangspunkte aus kam dagegen Posidonius zu der nämlichen Ansicht, dafs das goldne Zeitalter der Künste nicht entbehren könne, sondern erst mit ihrer Erfindung anhebe. Wenn er dem von den Philosophen begründeten goldnen Zeitalter eine Periode der Rohheit und Wildheit vorangehen liefs, so haben wir darin einen Kompromifs zu erkennen, den er zwischen dem Standpunkt des Volkes und dem der Gebildeten eintreten liefs. Denn dafs die letzteren weit mehr zu der von den Sophisten und Epikur aufgestellten Theorie hinneigten als zu der vulgären Auffassung, ist oben durch viele Zeugnisse bewiesen worden. Die Ansicht des Posidonius und Varro hat auf die dichterischen Darstellungen des goldnen Zeitalters keinen bedeutenden Einflufs ausgeübt: aufser Vergil hat nur noch Ovid in den Fasten IV 805 ff. (vgl. Schmekels diss. p. 22) sie übernommen, die übrigen bewegen sich in dem altherkömmlichen Geleise; recht bezeichnend dafür ist, dafs Germanicus in seiner Aratübersetzung für die erwähnte seltene Version Arats die gewöhnliche an die Stelle setzt:

'fructusque dabat placata colono
    sponte sua tellus' (v. 117 f.).

Um so mehr gefiel dagegen der gebildeten Welt Roms diese Auffassung. Cicero sagt de inv. I 2, 2: 'fuit quoddam tempus, cum in agris homines passim bestiarum modo vagabantur et sibi victu fero vitam propagabant, nec ratione animi quicquam sed pleraque viribus corporis administrabant ....., non certos quisquam aspexerat liberos, non ius aequabile quid utilitatis haberet, acceperat ......; quo tempore quidam magnus videlicet vir et sapiens cognovit, quae materia esset et quanta ad maximas res opportunitas in animis hominum, si quis eam posset elicere et praecipiendo meliorem reddere; qui dispersos homines in agris et in tectis silvestribus abditos ratione quadam compulit unum in locum et congregavit et eos in unam quamque rem inducens utilem atque honestam ..... ex feris et immanibus mitis reddidit et mansuetos.' Ganz ähnlich de orat. I 9, 36, wo diese Ansicht dem Q. Mucius Scaevola, dem Anhänger der Stoiker (speciell des Panaetius, vgl. 11, 45) in den Mund gelegt wird. Dafs diese Theorie aber nicht blofs in philosophischen Kreisen, die unter dem Einflufs des Posidonius standen, beifällig aufgenommen wurde, sondern sich (ähnlich wie heutzutage die Theorie Darwins) allgemeine Geltung bei allen Gebildeten errang, zeigt ebenfalls Cicero, wenn er in der Rede für Sestius 42, 91 sagt: 'quis enim nostrum, iudices, ignorat ita naturam rerum tulisse, ut quodam tempore homines nondum neque naturali neque civili iure descripto fusi per agros ac dispersi vagarentur ...... qui igitur primi virtute et consilio praestanti exstiterunt, ei perspecto genere humanae docilitatis atque ingenii dissipatos unum in locum congregarunt ... tum res ad communem utilitatem, quas publicas appellamus tum conventicula hominum ... coniuncta' etc. Bemerkenswert ist in allen drei Stellen die Hervorhebung der utilitas dieser Einrichtungen: darin zeigt sich deutlich der Zusammenhang mit dem sophistischen und epikureischen Princip des συμφέρον (wozu der Stoiker in den beiden ersten Stellen jedoch das honestum hinzufügt); wenn Varro (wahrscheinlich in den libri disciplinarum) sagt 'utilitatis alicuius causa omnium artium extitisse principia' (bei Cassiodorius 'de artibus ac disciplinis liberalium litterarum' praefat., vol. 70 p. 1151 Migne [fehlt in den bisherigen Fragmentsammlungen]), so giebt er wahrscheinlich auch hier die Ansicht des Posidonius wieder.

## IV.
## Die varronische Satura Prometheus, ein Kapitel aus der Lehre von der πρόνοια.

Bis in die neueste Zeit hinein hat der Prometheusmythus Philosophen und Dichter zu rationalistischer Ausdeutung oder zu poetischer Umbildung gereizt. Schon bei Hesiod sind Spuren ethischer Reflexion in dem Mythus deutlich erkennbar; Herodoros von Heraklea, ein ungefährer Zeitgenosse des Sokrates, hat in jener eigentümlichen Schrift, in der er an dem Leben des Herakles das erste ausgeführte Beispiel einer pragmatischen Mythendeutung gab[1]), auch den Prometheusmythus in die Sphäre des gewöhnlichen Lebens herabgezogen und ihn der Geschichte nutzbar gemacht (schol. Ap. Rh. II 1248 = FHG. II p. 34 fr. 23). Dann geht es weiter von den Sophisten, Sokratikern und Stoikern bis zu den Neuplatonikern, Franciscus Baco und Rousseau. Auch die Dichter schliefsen sich zu einer langen Kette zusammen von Hesiod, Aeschylus, Sophron, den Fabeldichtern u. s. w. bis auf Herder, Goethe und Shelley. Eine systematische Zusammenstellung dieser Deutungen zu geben, wäre eine unerfreuliche und in unserer Zeit unnütze Arbeit.[2])
Aus der grofsen Zahl soll nur ein Beispiel herausgegriffen werden, das schon deshalb gröfseres Interesse beanspruchen darf, weil es sich von der seichten Interpretationsweise, die alles zu physikalischen oder ethischen Begriffen hypostasiert, fern hält und sich uns mehr als eine leichte Umdeutung und dichterische Ausgestaltung darstellt.

Unter den varronischen Satiren behandelt den Prometheusmythus eine, deren Titel nicht ganz sicher ist. Die (sämtlich bei Nonius erhaltenen) Fragmente werden nämlich so citiert: 'Varro Prometheo lib. I' oder 'Varro Prometheo lib. II' oder Varro Prometheo lib. XV', einmal 'Varro Prometheo'. Man hat längst erkannt, dafs die Angabe des Buches und der Buchzahl auf den Irrtum eines Abschreibers zurückgeht, der das Wort 'liber', welches er in seiner Vorlage las, als 'Buch' verstand und nun auf eigene Hand eine völlig

---

1) Das Nebeneinander von altertümlicher Naivität und modernem Rationalismus, das in dieser Schrift noch aus den Fragmenten kenntlich ist, erinnert an die ältere Logographie. Herodoros geht weiter als Hekataios, aber noch nicht ganz so weit wie Ephoros.
2) Aus der byzantinischen Zeit giebt es eine (unedierte) Schrift des Johannes Doxopater (11. Jh.) in einem cod. Parisinus (n. 10173 inter Falconeti libros) mit dem Titel: ὁ τοῦ Προμηθέως μῦθος διὰ παντὸς εἴδους φιλοσοφίας καὶ ἀλληγορίας πεπλουτισμένος, worauf Nikolai 'gr. Litt.-Gesch.' III p. 233 aufmerksam macht; auf dieselbe Schrift weist Joh. Doxop. selbst hin in seinem Kommentar zu Hermog. Ideen, vgl. Krumbacher 'Byz. Litt.-Gesch.' p. 190.

aus der Luft gegriffene Buchzahl hinzufügte.[1]) Es fragt sich nur, ob der Titel 'Prometheus liber' oder 'Prometheus liberatus' lautete; letzteres war die Ansicht Merciers (offenbar wegen der Analogie des äschyleischen Dramas), ersteres die der meisten andern[2]) und äufserlich sicher auch die wahrscheinlichere. War 'Prometheus liber' der Titel, so urteilt Riese (in seiner Ausgabe p. 201) wohl richtig, dafs in der Satire weniger auf den Akt der Befreiung als auf den Zustand des Befreitseins Gewicht gelegt worden sei.

Ich setze nun die erhaltenen Fragmente her in der (nach Vers und Prosa geschiedenen) Reihenfolge der Buechelerschen Ausgabe, mit dem nötigsten kritischen Apparat, wobei ich alles Nebensächliche oder sicher Emendierte dem vorliegenden Zweck entsprechend übergehe.

### I.
ego infelix nón queam
vim própulsare atque inimicum orco immittere?
nequiquam saepe aeratas manuis compedes
conor revellere

### II.
tum ut sí subernus cortex aut cacumina
morientum in querqueto arborum aritudine

### III.
atque ex artubus
exsánguibus[3]) dolore evirescat colos

### IV.
mortális nemo exaudit, sed late incolens
Scytharum inhospitalis campis vastitas

### V.
levís mens umquam[4]) somnurnas imagines
affatur, non umbrantur somno pupulae

---

1) Gerade in Nonius, dessen Hss. überhaupt eine wunderliche Konsequenz in der Verkehrtheit zeigen (Ritschl op. III 479, 2), finden sich ganz ähnliche Fehler öfters. Die 8 mal citierte Komödie des Titinius mit dem Titel 'Quintus' figuriert 5 mal als 'lib. V'; p. 192, 29 hat aus der Lesart der Hss. 'arva ... feminino. Naevius Lycurgo lib. II quaque incedunt omnis arvas opterunt' Mercier hergestellt 'Naevius Lycurgo: liberi [sunt] quaque incedunt' u. s. w. p. 500, 1 ist von Ribbeck statt 'mortalis foenix lib. X' hergestellt (Accius v. 327) 'mortalis, Phoenix, liberos'. p. 20, 25 hat Scriverius statt 'Accius Stasiastis vel Tropeo lib. I' gebessert 'Tropeo Liberi'. (Ein anderes, aber sehr zweifelhaftes Beispiel bei Ritschl op. III 412.) — Man denke ferner an die Überschrift des 'Octavius' in der einzigen Hs., durch die er überliefert ist: 'Arnobii liber VII explicit, incipit liber VIII.'

2) Zuerst Oehler in seiner Ausgabe p. 195 f.; Ritschl weist das zurück op. III 417, scheint es aber ebd. p. 528 anzuerkennen.

3) 'ex artubus' fügt Buecheler hinzu.

4) Buecheler: „praecessit tale: 'non requie mali'".

## VI.

humánae¹) quandam gentem stirpis concoquit,
'frigus calore atque umore aritudinem
miscet'²)

## VII.

cum sumere coepisset, voluptas detineret³), cum sat haberet,
satias manum de mensa tolleret

## VIII.

«retrimenta cibi qua exirent, per posticum callem feci

## IX.

id ut scias, audi hoc quod falsum dicis esse, nemini oculos
opus esse, si habet⁴)

## X.

Chrysosandalos locat sibi amiculam de lacte et cera Tarentina
quam apes Milesiae coegerint ex omnibus floribus libantes, sine osse
et nervis, sine pelle sine pilis, puram putam proceram, candidam
teneram formosam

## XI.

alia emit mitram⁵) ricinam aut mitram Melitensem

## XII.

eburneis lectis et plagis sigillatis

## XIII.

in tenebris ac suili vivunt, nisi non forum hara atque homines
qui nunc sunt plerique sues sunt existimandi

## XIV.

aemulum illius artis atque obstrigillatorem, quam propter⁶)
aliquot annos quaesti nihil fecerit

---

1) Die Hss. (nach Mueller) 'humanarum'; 'humanam', was Buecheler aufnahm, die ed. Aldina, eine Lesart, bei der 'stirpis' unverständlich bleibt. 'humanae' konjicierte Scaliger und dies scheint das Richtige zu sein; die Korruptel erklärt sich, wenn man bedenkt, wie oft die Schreiber der Noniushandschriften Varros Bücher antiquitatum humanarum zu citieren hatten.
2) Die Worte 'frigus—miscet' aus Ennius' Epicharm fr. II p. 107 Vahl.: 'frígori miscet calorem atque úmori aritudinem'.
3) So Buecheler statt 'retineret'. Die Korruptel ist häufig, bei Nonius noch 132, 9 (= Accius v. 60).
4) Die Erklärung s. weiter unten.
5) So Oehler. Die Hss. 'aliae mitrant ricenam'. — 'alia' sc. meretrix. vgl. Herondas 1, 74 mit Buechelers Bemerkung.
6) 'quae propter' die Hss.; 'quapropter' Roth (was, wie Luc. Müller bemerkt, grammatisch bedenklich ist), 'quem propter' Havet. Der Sinn scheint doch der zu sein, dafs ein Handwerker sich beklagt, er habe infolge der neuen artes, wie sie fr. XI. XII schildern, seit einigen Jahren nichts mehr verdient.

Es lassen sich zunächst deutlich zwei Gruppen von Fragmenten unterscheiden; denn während in der Mehrzahl derselben Prometheus selbst redend eingeführt ist (I—V, VIII, IX) oder doch die Beziehung auf ihn und seine Geschöpfe unzweifelhaft ist (VI, VII, X), betreffen die Fragmente XI—XIII offenbar römische Verhältnisse (mitra, rica, lecti eburnei¹), forum).

Innerhalb der ersten Gruppe sondern sich ferner deutlich mehrere Unterabteilungen von einander ab:
1) Die Klagen des gefesselten Prometheus: I—V
2) Ein Dialog zwischen ihm und einem Andern: VIII—IX
3) Einzelheiten aus der ἀνθρωπουργία: VI—VII
4) Die Bestellung²), die Chrysosandalos macht: X.

Zur Bestimmung der ursprünglichen Reihenfolge der Fragmente fehlt uns hier jeder äufsere Anhalt, auch würde, selbst wenn wir darüber mehr wüfsten, unsere Kenntnis der Einzelheiten wenig gefördert werden. Der Gesamtinhalt der Satire ist indes ziemlich klar, er läfst sich, wenn wir uns aller über die Fragmente hinausgehender Kombinationen enthalten, in grofsen Zügen etwa so skizzieren:

„In Rom nimmt der Luxus und die tierische Verwilderung³) immer mehr überhand. Woraus erklärt sich diese Schlechtigkeit der Menschen? Sie ist ihm angeboren und angestammt vom Schöpfungsakt her. Denn Prometheus wollte freilich das Beste, z. B. stellte er für Essen und Trinken Appetit und Sättigungsgefühl als Grenzen fest. Aber in allzu grofser Menschenfreundlichkeit gab er den thörichten Wünschen Einzelner z. B. in Bezug auf die Weiber

---

1) Vgl. 'de l. l.' IX 47 'lectos alios ex ebore, alios ex testudine'. Für das nach bekanntem Gebrauch (über den vgl. Seneca de ben. V 13, 3) angewendete 'eburneus' steht 'eburatus' fr. 447, wie auch Plaut. Stich. 377.

2) Es ist, worauf Buecheler mich hinwies, wichtig, 'locare' (ἐκτιθέναι) genau zu fassen 'bestellen, in Entreprise geben', nicht 'sich mieten', wie Ribbeck (roem. Poes. I 254) übersetzt, eine Bedeutung, die sich nicht nachweisen läfst. „Herr Goldschuh" (vgl. Plaut. Bacch. 331 f. u. die Intpp. das.) bestellt sich bei Prometheus ein solch aetherisches Geschöpf, das mit den in beschreibenden Epigrammen und schlüpferigen Erzählungen üblichen Epithetis versehen wird: für 'lac' und 'sine osse' vgl. die Beschreibung einer Tänzerin bei Antip. A. P. IX 567 ὑδατίνους φορέουσα βραχίονας, ἧ μόνη ὀςτοῦν | οὐ λάχεν· ἢν γὰρ ὅλη τοὺν ταλάροισι γάλα und was dort die Erklärer aus Appuleius u. a. anführen. Bei 'cera' ist gewifs nicht sowohl an die Farbe (vgl. die Varianten Hor. od. I 13, 2) als an die Geschmeidigkeit und Biegsamkeit (vgl. Hor. a. p. 163) zu denken. Für das Honigsüfse genügt es auf die bekannte Anrede der Geliebten mit 'mel meum' u. ä. bei den Komikern, sowie auf den Frauennamen 'Melissa' (Petron 61) zu verweisen. Jedenfalls scheint mir nach diesem allem, dafs Friedlaenders Ansicht (S.-G. I⁵ 474), es liege unserm fr. möglicherweise eine Reminiscenz an ein Märchen zugrunde (also etwa wie die „phantasiae non homines", die Lukian ver. hist. II 12 schildert) nicht richtig ist.

3) Frgm. XIII. Dieser Vergleich ist wohl beabsichtigt, denn auf die tierischen Eigenschaften im Menschen wird in ethischen Umdeutungen des Prometheusmythus öfters Bezug genommen: Hor. od. I 16, 13 ff. fab. Aesop. 173 b 383 H Babr. 74 G.; vgl. auch Plat. Tim. 91 D ff.

Gehör und seitdem begann das Übel. Bestraft durch Fesselung in der menschenleeren Gegend wird er befreit und verteidigt sich gegen die Vorwürfe, die ihm in Betreff seiner Menschenbildung gemacht werden."[1])

Bevor wir uns nach Analogien einer solchen Umdichtung umsehen, müssen wir das schwierige fr. IX zu erklären suchen:

id ut scias, audi hoc quod falsum dicis esse, nemini oculos opus esse, si habet.

Der am Schlufs unvollständige Satz kann der Form und dem Sinne nach nicht anders ergänzt werden als '⟨mentem, id hac re probari⟩' oder wenn man nach 'audi' interpungiert: '⟨mentem, id verum esse hac re probatur⟩'. Löst man das durch die Häufung der Negationen und Infinitive sehr undurchsichtige (echt varronische) Satzgefüge auf, so gestaltet sich der Dialog etwa folgendermafsen:

Prom.: Zum Sehen gab ich dem Menschen Augen.

Der Gegner: Er bedurfte aber keiner Augen, wenn er Verstand besafs.

Prom.: Wie du behaupten kannst, dafs einer, der Verstand besitzt, keiner Augen bedarf, begreife ich nicht.

Der Gegner: Damit du das begreifst, so höre: was du als falsch verwirfst, dafs der Mensch keiner Augen bedarf, wenn er Verstand hat, das will ich dir durch folgende Gründe als richtig erweisen.

In der Kritik, welcher der Gegner die einzelnen von Prometheus geschaffenen Körperteile unterzog, hatte er also auch die Augen getadelt, vermutlich, weil sie die Menschen zu vielen Schlechtigkeiten verleiten, ein öfters in philosophischen Kreisen angedeuteter Gedanke: Demokrit sollte sich der Augen beraubt haben, weil sie ihn durch Betrachtung der Aufsenwelt in seiner Gedankenthätigkeit störten (vgl. die Stellen bei Usener 'Epicurea' 336); Plato führt auf den Gesichtssinn die Irrungen zurück, denen der innerlich noch nicht gefestigte Charakter gegenüber dem geliebten Gegenstand unterliegen mufs (Phaedr. 250 DE, ähnlich Plut. qu. conv. V 7, 2); derselbe Gedanke wird auch auf die anderen Sinnesorgane erstreckt vermutlich nach stoischer Vorlage[2]) von Philo 'de Abrah.' vol. II p. 34 Mang.: „aus dem, was wir sehen oder hören oder riechen oder schmecken oder betasten, bilden sich Schmerz- und Lustempfindungen, Furcht und Begierden; denn keiner der Affekte würde für sich allein Kraft haben, wenn er nicht mit dem durch die Sinnesorgane beschafften Rüstzeug ausgestattet würde; denn diese (die

---

1) Alles andere bleibt dunkel, selbst das, ob es Herakles ist, mit dem er sich unterredet, obgleich Ribbeck (a. a. O.) es als sicher annimmt. Aber in diesen an barocken Einfällen so überreichen Satiren konnte die Scenerie wer weifs wie anders gestaltet sein.

2) Die dann ihrerseits wieder platonische Gedanken (z. B. Phaed. 66 B ff. 79 C f.) ausführt.

Sinnesorgane) sind die bedingenden Grundlagen für das Entstehen jener (der Affekte), durch Farben und Formen, durch die Stimme beim Reden oder Hören, durch Säfte oder Wohlgerüche oder greifbare Gegenstände, die weich und hart oder rauh und glatt oder warm und kalt sind. Denn alles dieses wird durch die Sinnesorgane jedem einzelnen Affekt geliefert."

Aus diesem Tadel der Augen ergab sich nun die Behauptung, daſs dieselben unnötig seien, wenn der Mensch im Besitz der Verstandeskraft sei. Luc. Müller bezeichnet dies freilich (in seiner Anm. zu unserm Frgm. Nonius p. 497) als eine 'sophistica altercatio disceptatioque', aber die Frage nach dem Verhältnis der sinnlichen Wahrnehmung zu der Operation des Verstandes war grade zu jener Zeit in der Polemik der Skeptiker gegen die Stoiker und Epikureer einerseits und des Antiochus gegen Philo andererseits an der Tagesordnung. Nur eine grade für den vorliegenden Fall bezeichnende Stelle mag angeführt werden. Lucretius bestreitet die Möglichkeit der Vernunfterkenntnis in folgenden Versen (III 359 ff.):

'dicere porro oculos nullam rem cernere posse,
sed per eos animum ut foribus spectare reclusis,
difficilest. . . . . . . . . . . . . . . . . .
. . . . . si pro foribus sunt lumina nostra,
iam magis exemptis oculis debere videtur
cernere res animus sublatis postibus ipsis',

Worte, über deren 'ineptissimum argumentum' Lactantius (de opif. dei 8), und zwar in Anlehnung an Varros Loghistoricus 'de origine humana' (trotz den Einwendungen von Brandt im 'Wien. Stud.' XIII 255 ff.), sich ereifert und die er eingehend widerlegt. —

Aber auch in Erörterungen, die der Polemik jener Kreise fernstehen, wird die Vernunfterkenntnis der Perception durch die Sinne oft so scharf gegenübergestellt, daſs letztere gradezu als überflüssig bezeichnet wird. Jedem muſs beim Lesen unsers Fragmentes sofort der epicharmische Vers einfallen νόος ὁρῇ etc., der seit Aristoteles (probl. XI 33) Gemeingut aller philosophischen Systeme war, die nicht wie die Epikureer die Vernunfterkenntnis oder wie die konsequenten Skeptiker eine Erkenntnismöglichkeit überhaupt leugneten.[1]) Wenn man endlich noch hinzunimmt, daſs die νοητὰ ὄμματα, οἱ τῆς διανοίας ὀφθαλμοί u. ä. seit Plato (z. B. Symp. 219 A) ungemein häufig den leiblichen Augen als das Höhere und Vortrefflichere gegenübergestellt werden[2]),• so wird der auf den

---

1) Anspielungen auf den sprüchwörtlichen Vers sind sehr zahlreich, einige stehen bei Lorenz 'Epicharm' p. 256 (vgl. besonders noch Philo 'de post. Caini' vol. I p. 249 Mang. und Gregor v. Nyssa 'de hom. opif.' c. 6 vol. 44 p. 140 Migne). Unter den wörtlichen Citaten ist nachzutragen Gregor. Palamas 'prosopopoeia animae et corporis' ed. Alb. Jahn p. 32 (wo auch die dorische Form ὁρῇ richtig überliefert ist).

2) Vgl. Gomperz 'Abh. d. Wien. Ak.' 120 (1889) p. 166. Für die Kirchenschriftsteller Creuzer zu Plot. de pulchr. p. 378. Für Varro selbst

ersten Blick etwas wunderliche Gedanke unseres Fragments verständlich genug.¹)

Der Gegner hatte also den Prometheus getadelt, daſs er dem Menschen Augen gegeben habe, Prometheus hatte das widerlegt. Daſs in analoger Weise andere Organe des Körpers von dem Gegner bemängelt wurden, während Prometheus ihre Notwendigkeit und Vortrefflichkeit nachwies, macht fr. VIII wahrscheinlich, welches aus einer preisenden Beschreibung der κατασκευή des Körpers stammt.²)

---

ein fr. der antiq. div. bei Arnob. adv. nat. VII 1 'inter lunae vero gyrum et nimborum ac ventorum cacumina aeriae esse animas, sed eas animo non oculis videri'.

1) Wenn man sich erinnert, daſs in dem 'Herakles' des Antisthenes ebenfalls eine Disputation über die Möglichkeit einer reinen Vernunfterkenntnis in Anknüpfung an die platonische Ideenlehre zwischen Prometheus und Herakles stattfand, so könnte man versucht sein, eine Nachwirkung dieser gern und lange gelesenen antisthenischen Schrift bei Varro zu vermuten (vgl. Ribbeck a. a. O.); doch ist die Ähnlichkeit nur scheinbar. Bei Antisthenes vertrat Herakles den Standpunkt, daſs die (platonischen) nur mit der νόησις zu erfassenden Ideen (vgl. z. B. Plat. Phaed. 83A Tim. 52A) in Wahrheit nicht existierten, bei Varro aber ist es grade der Gegner des Prometheus, der die Möglicheit einer reinen νοῦς-Erkenntnis behauptet, um zu beweisen, daſs die von Prometheus geschaffenen Augen unnötig seien.

2) Dies Argument 'retrimenta cibi qua exirent per posticum callem feci' ist in der Schilderung der wundervollen κατασκευή des menschlichen Körpers ein stehender τόπος gewesen von dem xenophontischen Sokrates (Mem. I 4, 6 ἐπεὶ δὲ τὰ ἀποχωροῦντα δυσχερῆ, ἀποστρέψαι τοὺς τούτων ὀχετοὺς ᾗ δυνατὸν πορρωτάτω ἀπὸ τῶν αἰσθήσεων) an bis in die späteste Zeit (wie überhaupt die ganze Lehre von der πρόνοια durch die Rhetorenschulen Allgemeingut wurde, vgl. Theon progymn. 52—54); die lateinischen Kirchenväter (z. B. Ambrosius Hexaem. VI und 'de Noë et arca' c. 4 ff.) folgen darin meist dem hier von Panaetius und Posidonius abhängigen Cicero (de nat. deor. II 133 ff.) oder (wie Lactantius 'de opif. dei') Varros Logistoricus 'Tubero de origine humana', die griechischen (z. B. Basilius, Gregor v. Nyssa, Theodoret, Johannes Chrysostomus) neben der Xenophonstelle (und Plat. Tim. 69D ff. sowie den betr. Abschnitten bei Aristoteles, bes. 'de part. an.') vermutlich stoischen Quellen, daneben auch den 'Iatrosophisten'. An keiner dieser Stellen ist selbstverständlich Prometheus erwähnt, sondern unbestimmt θεός oder φύσις; den Namen des Prometheus setzt dafür ein Claudian 'de consul. Honor.' 228 ff. — Gelegentlich sei bemerkt, daſs auch Lucilius die vollendete Beschaffenheit des menschlichen Körpers nach den bekannten Mustern geschildert hat in folgenden Fragmenten des 26. Buches, die in den Ausgaben, weil der Sachverhalt verkannt wurde, nicht zusammengestellt sind:
579 f. Lachm.
 príncipio physici omnes constare hominem ex anima et corpore dicunt
613
 númquam priu'quam venas hominis tetigit ac praecordia (sc. 'exeat cibus' ganz wie in demselben Zusammenhang Varro frg. sat. 200)
538
 ⏑⏑_⏑ ut, si eluviem facere per ventrem velis,
 cúrat, ne omnibus distento corpore expiret viis

Ist dies eine eigne Erfindung Varros oder hat er auch hier, wie fast durchgängig in den Satiren, eine in der populären griechischen Moralphilosophie sich findende Vorstellung herübergenommen? Das letztere läfst sich erweisen.

Die teleologische Betrachtungsweise der Natur und in Sonderheit des Menschen, für die in den vorsokratischen Systemen wenig Raum war (vgl. jedoch Zeller 'Gesch. d. gr. Phil.' I⁴ 806 und 'Abh. d. Berl. Ak.' 1878, 118 ff.; Dümmler 'Akademika' S. 96 ff.) und die bei Sokrates und Plato infolge des geringen Interesses dieser Philosophen an rein physikalischen Dingen nur gelegentlich zum Durchbruch kommt, hat bekanntlich ihren ersten konsequenten Vertreter in Aristoteles gefunden und in der stoischen Theodicee ihren Höhepunkt erreicht. Daneben wurden jedoch Stimmen laut, welche eine Vollkommenheit des Geschaffenen mit mehr oder weniger Eifer leugneten. Aristoteles sagt, nachdem er die innere Zweckthätigkeit der Natur gepriesen, de part. an. IV 10, 687 a 23 οἱ λέγοντες ὡς cυνέcτηκεν οὐ καλῶς ὁ ἄνθρωπος, ἀλλὰ χείριcτα τῶν ζῴων (ἀνυπόδητόν τε γὰρ αὐτὸν εἶναί φαcι καὶ γυμνὸν καὶ οὐκ ἔχοντα ὅπλον πρὸς τὴν ἀλκήν) οὐκ ὀρθῶς λέγουcιν. Es ist längst erkannt, dafs Aristoteles hier auf die protagoreische Ansicht Bezug nimmt, welche Plato den Protagoras im gleichnamigen Dialog 321 C referieren läfst[1]): ὁρᾷ (sc. ὁ Προμηθεύς) τὰ μὲν ἄλλα ζῷα ἐμμελῶς πάντων ἔχοντα, τὸν δὲ ἄνθρωπον γυμνόν τε καὶ ἀνυπόδητον καὶ ἄcτρωτον καὶ ἄοπλον. Dafs Protagoras unter den Sophisten mit dieser Behauptung nicht allein steht, ist bereits oben (p. 414, 3) hervorgehoben worden. Aber Protagoras lässt, wie der Fortgang des Mythus zeigt, den Menschen keineswegs auf jener hülflosen Stufe verharren, sondern Prometheus, d. h. der gütige vorsorgende Gott, verschafft ihm durch die Gaben des Feuers und der Vernunft εὐπορίαν τοῦ βίου. Viel radikaler ging Antiphon vor: er leugnete überhaupt die Vorsehung, wie Origenes c. Cels. IV 25 berichtet (fr. 98 Blafs): Ἀντιφῶν, ἄλλος τοῦ ῥήτορος[2]) νομιζόμενος εἶναι καὶ τὴν πρόνοιαν ἀναιρῶν ἐν τοῖς ἐπιγεγραμμένοις περὶ Ἀληθείας) und pessimistisch genug sind die Worte (fr. 32) εὐκατηγόρητος πᾶς ὁ βίος θαυμαcτῶς ὡς, καὶ οὐδὲν ἔχων περιττὸν οὐδὲ μέγα καὶ cεμνόν, ἀλλὰ πάντα cμικρὰ καὶ ἀcθενῆ καὶ ὀλιγοχρόνια καὶ ἀναμεμιγμένα λύπαις μεγάλαις, vgl. auch fr. 133.

Ein heftiger Kampf über diese Frage entspann sich zwischen der Stoa und Epikur; unter den vielen Argumenten, die Epikur

---
(für 'curat ne' haben die Hss. 'curare', wofür Lachmann 'cura ne' schreibt; doch scheint 'curat' sc. natura richtiger zu sein) und vermutlich gehörte hierher das mit keiner Buchzahl citierte Frgm.
869
'cáput ut collo, sustentatur truncus coxendicibus'.
1) Dafs Aristoteles nicht die platonische Stelle, sondern die Schrift des Protagoras selbst citiert, hat Zeller (Arch. f. Philos. V 176 f.) erkannt.
2) So ist wohl zu lesen für ἄλλος ῥήτωρ.

gegen die stoische Vorsehungslehre vorbrachte und die seitdem von zünftigen Philosophen und philosophierenden Dilettanten bis zum Überdrufs nachgesprochen wurden, findet sich auch der gegen die Götter wegen verkehrter Schöpfung des Menschen erhobene Vorwurf: vgl. Lactant. 'de opif. dei' c. 4 i. A. (Usener 'Epicurea' p. 251) 'queruntur hominem morbis et immaturae morti esse subiectum. indignantur videlicet non deos se esse natos. Minime, inquiunt, sed ex hoc ostendimus, hominem nulla providentia esse factum, quod aliter fieri debuit'. Jener hülflose Zustand des Menschen bei der Geburt wird mit denselben Farben geschildert, die wir schon in dem protagoreischen Mythus kennen lernten, und die langen Ausführungen über die bevorzugte Stellung der Tiere im Vergleich mit den Menschen gipfeln in der vermutlich auf Epikur selbst zurückgehenden Pointe, dafs die Natur die Mutter der Tiere, die Stiefmutter der Menschen sei.[1])

Wie vieles andere, so wurden auch diese Gedanken Epikurs von den Skeptikern und den neuen Akademikern übernommen und ausgeführt. In Ciceros acad. pr. B. II trägt Lucullus die Erkenntnistheorie des Antiochus vor und ruft begeistert aus (7, 19): 'quorum (sc. sensuum) ita clara iudicia et certa sunt, ut, si optio naturae nostrae detur et ab ea deus aliqui requirat[2]), contentane sit suis integris incorruptisque sensibus an postulet melius aliquid, non videam quid quaerat amplius.' Ihm antwortet Philo, der geschworene Feind der Sinneserkenntnis, in der Person Ciceros (25, 80): 'si, inquis, deus te interroget, sanis modo et integris sensibus num amplius quid desideres, quid respondeas? — Utinam quidem roget. audiet, quam nobiscum male egerit. ut enim vera videamus, quam longe videmus?... quaedam volucres longius. responderem igitur audacter isti vestro deo me plane his oculis non esse contentum.' — Im 2. Buch von Ciceros Schrift 'de natura deorum' weist der Stoiker Balbus an der Vollkommenheit des Menschen die πρόνοια der Gottheit nach. Gegen ihn disputiert im 3. Buch der Akademiker Cotta (nach Klitomachus, der seinerseits die Lehre des Karneades wiedergiebt); leider fehlt in diesem Buch die Partie, wo Cotta dasjenige Argument des Balbus widerlegt, in welchem dieser aus der äufseren Beschaffenheit des Menschen die grofse Güte der Vorsehung erschlossen hatte (II 133 ff. Augen, Ohren, Hände u. s. w.): wir würden grade hier aller Wahrscheinlichkeit nach für unsere Frage manches gewinnen; jetzt ist nur die Polemik des Cotta (III 66 ff.) gegen die von Balbus (II 147 ff.) gepriesene Vernunft des Menschen erhalten: es sei, meint Cotta, besser, wir besäfsen die Vernunft über-

---

1) Nachweise in Fleckeisens Jhb. Suppl. XVIII 305.
2) Dies der früheste Anklang an jenes bekannte Lioneische cχῆμα, dessen Keime uber schon bei Plat. Alcib. 105A ff. und vorher bei Herodot VII 152 sowie in den dorischen διαλέξεις (vgl. Trieber Herm. 27, 228 f.) zu finden sind.

haupt nicht, da sie uns zu vielen Schlechtigkeiten verleite: sie sei daher ein höchst verderbliches Geschenk der Götter gewesen.[1])
Wenn nun auch der Gesamtinhalt dieser philosophischen Erörterungen uns in den Ideenkreis der varronischen Satire führt, so kann von einer mehr als blofs inhaltlichen Analogie schon deshalb nicht die Rede sein, weil der längst rationalistischer Umdeutung verfallene Prometheusmythus naturgemäfs hier nicht herangezogen wird. Dagegen dürfen wir erwarten, auf dem Grenzgebiet philosophischer Moral und volkstümlicher Anschauung, in der Fabeldichtung, ähnliche Gedanken wiederzufinden. In der That lesen wir hier einige Stücke, die, ohne die Person des Prometheus fortzulassen, eine gleiche Tendenz verraten: weit entfernt nämlich, mit den Gaben ihres Wohlthäters zufrieden zu sein, schreiben Menschen und Tiere ihm die Fehler zu, mit denen sie behaftet sind.[2]) In einer äsopischen Fabel

[1] Nur die bezeichnendsten Stellen sind oben angeführt worden. Manche Reflexe finden sich in der späteren Litteratur, die z. T. auch einiges Neue bieten. Einige, die auch in der Form etwas Ähnlichkeit mit der uns beschäftigenden Frage haben, mögen hier Platz finden. Maximus Tyr. diatr. 23 c. 3 (p. 445 Reiske) εἰ καί τις ἦν ἐν ἀνθρώποις δύναμις πλαστικὴ cωμάτων cαρκίνων, ξυμφορήcαντες ἂν οἱ δημιουργοὶ τὰς δυνάμεις ἑυμμέτρως τῆς καὶ πυρὸς καὶ τῶν ὅσα τούτοις ἁρμοςθέντα τε καὶ ὁμολογήσαντα cuνίcτηcι τὴν cωμάτων φύcιν, ἀπέφηναν ἄν, ὥστε εἰκός, cῶμα ἀνενδεὲς φαρμάκων καὶ μαγγανευμάτων etc. Die Kirchenschriftsteller mufsten in ihren die Vorsehung preisenden Homilien auch auf die Leugner der Vorsehung Rücksicht nehmen (vor allen auf die Gnostiker, gegen die auch Plotin Enn. II 9 eine Schrift verfaſste: πρὸς τοὺς κακὸν τὸ δημιουργὸν τοῦ κόσμου καὶ τὸν κόσμον εἶναι λέγοντας vgl. auch seine beiden Abhandlungen über die πρόνοια Enn. III 2 und 3, bes. III 3, 3 und Tertullian adv. Marc. I 1 'penes quem [Marcionem] verus Prometheus deus omnipotens blasphemiis lancinatur'), die sie mit den von griechischen Philosophen erborgten Waffen bekämpften. Noch im 14. Jh. läfst Gregorius Palamas in seiner oben [S. 433, 1] citierten Schrift (p. 19) die Seele sich beklagen über die schlechte κατασκευὴ des Körpers, die zur Folge habe, dafs sie, die Seele, statt Herrin zu sein, Sklavendienste verrichten müsse; so z. B. spähten die Augen, obgleich sie durch die Lider daran gehindert werden sollten, nach unnützen Dingen und verfielen in schädliche Neugier. Dagegen verteidigt sich der Körper (p. 34 f.): ohne die Sinneswerkzeuge könne die Seele nicht leben, auch würde z. B. ein Mensch ohne Augen nie die Künste haben erfinden oder die Schönheit des Himmels haben bewundern können (übrigens eine alte Fiktion: vgl. die Gerichtsscene zwischen Körper und Seele in einem Frgm. Demokrits bei Theophrast, citiert von Plutarch 'de libidine et aegritudine' c. 2, vol. V p. 1 f. Duebn.). — Erwähnt werden mag endlich noch, was Franciscus Baco in seiner Schrift 'de sapientia veterum' c. 26 ('The works of Francis Bacon' ed. Ellis, London 1878 vol. VI p. 668 ff.) über den Prometheusmythus sich ausgedacht hat. Er läfst die Menschen, unzufrieden über die Gaben des Prometheus, sich bei Zeus beschweren, worin er einen lobenswerten Beweis ihres Strebens nach Höherem zu erkennen meint. Daher (p. 672) „probandus est et Empedocles (!) qui tamquam furens, et Democritus qui magna cum verecundia queruntur omnia abstrusa esse, nihil nos scire, nil cernere, veritatem in profundis puteis immersam, veris falsa miris modis adiuncta atque intorta esse (nam Academia nova modum prorsus excessit)."

[2] Die Überzeugung, dafs manches an den Gaben des Prometheus

(261 Halm) tadelt der Löwe den Prometheus, daſs er, der König
der Tiere, sich vor dem Hahn fürchten müsse; ihm antwortet Prometheus: τί με μάτην αἰτιᾷ; τὰ γὰρ ἐμὰ πάντα ἔχεις, ὅσα πλάττειν ἐδυνάμην· ἡ δέ cου ψυχὴ πρὸς τοῦτο μόνον μαλακίζεται.
Nach einer andern in mehreren Fassungen vorliegenden Fabel[1])
wetteifern die Götter, wer das schönste Gebilde verfertigen werde.
Prometheus (oder Zeus oder Hephaistos) macht den Menschen, Poseidon den Stier: ᾑρέθη (Babr. 59) τούτοις | κριτὴς ὁ Μῶμος·
ἔτι γὰρ ἐν θεοῖς ᾤκει. | κἀκεῖνος, ὡς πέφυκε, πάντας ἐχθραίνων |
πρῶτον μὲν εὐθὺς ἔψεγεν τὰ τοῦ ταύρου, | τῶν ὀμμάτων τὰ κέρατα μὴ κάτω κεῖσθαι, | ὡς ἂν βλέπων ἔτυπτε· τοῦ δέ γ' ἀνθρώπου, | μὴ σχεῖν θυρωτὰ μηδ' ἀνοικτὰ τὰ στήθη, | ὡς ἂν βλέποι τὰ
τοῦ πέλας, τί βουλεύοι. Vor allen sind auch zwei Fabeln des Phaedrus zu vergleichen; von der ersten (IV 15) ist alles bis auf folgende
2 Verse unterdrückt:

> A fictione veretri linguam mulieris;
> Affinitatem traxit inde obscenitas.[2])

Dagegen die folgende (IV 16) ist ganz erhalten:

> Rogavit alter, tribadas et molles mares
> Quae ratio procreasset. exposuit senex:
> „Idem Prometheus, auctor vulgi fictilis,
> Qui simul offendit ad fortunam frangitur,
> Naturae partis, veste quas celat pudor,
> Cum separatim toto finxisset die,
> Aptare mox ut posset corporibus suis,
> Ad cenamst invitatus subito a Libero.
> Ubi inrigatus multo venas nectare
> Sero domumst reversus titubanti pede.
> Tum semisomno corde et errore ebrio
> Applicuit virginale generi masculo
> Et masculina membra applicuit feminis.
> Ita nunc libido pravo fruitur gaudio."[3])

keine sonderliche προμήθεια zeige, fand ihren Ausdruck in zwei Formen.
Einmal wurde Prometheus selbst beschuldigt; auf der andern Seite
wurde für die Fehler der Menschen Pandora oder Epimetheus verantwortlich gemacht, letzterer eine in der Sage sehr zurücktretende Figur
(um ihm wenigstens Existenzberechtigung zu geben, machte man Pyrrha
zu seiner Tochter; Apollod. I 7, 3 schol. Pind. Ol. 9, 68), der sich aber
die philosophische Spekulation bemächtigte: vgl. auſser dem Mythus in
Platons Protagoras Philodem περὶ εὐσεβ., p. 51 Gomp. (mit den Bemerkungen von Gomperz in 'Z. f. d. östr. Gymn.' 1864 p. 642 und 648),
Pythagoreer bei Olympiodor zu Plat. Phileb. 16 C; auch Claudian 'in
Eutrop.' II 490 ff. ist wohl philosophisch beeinfluſst.

1) Babr. 59 Aesop 155ᵃ 155ᵇ Lukian Hermot. 20, vgl. Crusius 'de Babr.
aet.' p. 211. Auch Aristot. 'de part. an.' III 2, 663a 35 weicht etwas ab.
2) Daſs der Sinn etwa gewesen sein muſs: 'a fictione veretri
veniens formavit linguam mulieris', läſst die folgende Fabel erkennen.
3) Auch sonst finden sich in den Fabeln gehässige Bemerkungen

Die bisherige Betrachtung hat uns nur die eine Seite der Wirksamkeit des Prometheus gezeigt. Aber er hat nicht blofs den Menschen gebildet[1]), sondern ihm auch das Feuer geschenkt und damit zugleich die Künste, wie das seit Aeschylus (Prom. 212 ff.) regelmäfsig ausgeführt wird. Auf die Künste beziehen sich in unserer Satura die Fragmente XI XII XIV und da die beiden ersten sicher den durch die Künste hervorgerufenen Luxus tadeln und bei dem dritten dieselbe Tendenz aller Wahrscheinlichkeit nach vorliegt (vgl. oben p. 430, 6), so folgt, dafs dies Argument ebenfalls von dem Widerpart des Prometheus angeführt wurde. Wir erinnern uns, dafs die Vorstellung, nach welcher durch die von Prometheus den Menschen gezeigten Künste eine allgemeine Verschlechterung der Sitten eingerissen sei, zuerst von den Kynikern aufgebracht und dann von den Epikureern übernommen worden ist (s. oben p. 416 f.). Ihnen hat sich Varro angeschlossen.

Fassen wir zum Schlufs die Resultate zusammen. Den Hauptinhalt der varronischen Satire bildete die Scene, in der jemand dem Prometheus vorwarf, dafs er teils aus allzu grofser Nachgiebigkeit gegenüber den Wünschen Einzelner, teils in eignem Irrtum befangen über Wert und Unwert seiner Gaben die Menschen verkehrt gebildet und ausgestattet habe und dadurch der ἀρχηγέτης des Bösen geworden sei. Wir fanden, dafs dieser Gedanke ohne die mythische Einkleidung in gewissen philosophischen Schulen grade zu Varros Zeit eifrig behandelt wurde, dass er ferner sogar mit Beibehaltung der Person des Prometheus in der Fabeldichtung anklingt und soweit er die von Prometheus den Menschen geschenkten Künste betrifft, nachweislich zuerst von den Kynikern ausgesprochen wurde. Wie es dem Prometheus gelang, sich zu rechtfertigen, können wir aus den erhaltenen Fragmenten nicht erschliefsen, aber wir dürfen voraussetzen, dafs er sich von den ihm gemachten Vorwurfe zu befreien wufste: denn dafs die Vorsehung frei von Schuld sei, dafs wir aber durch eigne Schuld fehlen, wird in allen teleologischen Systemen des Altertums um so nachdrücklicher betont, je weniger sich ein befriedigender Beweis erbringen liefs. Die Form der Rechtfertigung mag etwa veranschaulichen Tertullian de spect. c. 2, wo er, um zu zeigen, dafs die Fehler nicht aus einer Schuld des Schöpfers sondern der Geschöpfe entspringen, sagt: 'neque enim oculos ad concupiscentiam sumpsimus et linguam ad maliloquium et aures ad exceptaculum maliloquii et gulam ad gulae crimen et ventrem ad gulae societatem et genitalia ad excessus impudicitiae' etc.

über Prometheus. Phaedr. append. IV 5 f. wird gesagt, er habe den Dolus in seine Lehre genommen (eine Anspielung auf die bekannte List des Prometheus, des θεὸς ἀγκυλομήτης), wodurch bei der Schöpfung des Menschen fast Unheil angerichtet sei.

1) Vgl. den Anhang.

## V.

### Über den Streit des Theophrast und Zeno bei Philo περὶ ἀφθαρcίαc κόcμου.

Wenn man bedenkt, wie aufserordentlich dürftig unsere Überlieferung ist über das geistige Leben Griechenlands von der Zeit an, als Athen aufhörte, einziges Kulturcentrum zu sein, so gewinnt die philonische Schrift περὶ ἀφθαρcίαc κόcμου eine hervorragende Bedeutung, weil sie uns — oft mit fast dramatischer Lebendigkeit — mitten hineinversetzt in einen erbitterten Kampf, der im dritten und zweiten vorchristlichen Jahrhundert zwischen den Häuptern der Stoa und des Peripatos geführt wurde. Ihre Bedeutung ist zuerst von Bernays erkannt worden und seitdem ist sie Gegenstand lebhafter Erörterungen gewesen. Dafs als ihr Verfasser nicht mehr ein unbekannter jüdischer Schriftsteller des ersten Jahrhunderts n. Chr., sondern der jüdische Schriftsteller dieser Zeit, Philo, angesehen wird, ist das schöne Resultat der scharfsinnigen Untersuchung Cumonts (Philo 'de aeternitate mundi' Berlin 1891), welches auch, wie es scheint, allgemeine Anerkennung gefunden hat [nur Susemihl 'Gesch. d. gr. Litt.' II p. 714 stimmt nicht unbedingt bei]. Im Folgenden soll ein Beitrag gegeben werden zu dem interessantesten und am meisten besprochenen Abschnitt dieser Schrift, in welchem der Vorkämpfer des Peripatos Theophrast ist. Dieser wird zuerst c. 23 citiert und der gesamte übrige Teil der Abhandlung enthält seine Auseinandersetzungen, aber nur dem Inhalt nach: denn Philo hat se in dieser ganzen Schrift auf wirklich raffinierte Weise verstanden, die Worte seiner Quelle sich und seinen Lesern mundgerecht zu machen[1]), das Einzige, was seine selbständige Leistung ist (wie man es damals überhaupt machte): denn glücklicherweise hat er inhaltlich nichts oder Weniges und dies in ziemlich thörichter Weise geändert bezw. zugesetzt. Dies mufs man von vornherein im Auge behalten, um nicht wegen der Form, in welcher uns die Ansicht Theophrasts referiert wird, die Urheberschaft desselben in Zweifel zu ziehen. Theophrast führt vier Gründe der Gegner für Entstehen und Untergang der Welt an, welche dann der Reihe nach widerlegt werden. Dafs unter den Gegnern die Stoiker zu verstehen sind, ist sicher (vgl. zuletzt von Arnim 'Quellenstudien zu Philo' p. 41), es fragt sich nur, ob als ihr Vertreter Zeno anzusehen ist, wie Zeller behauptete (Hermes XI 422 ff. und XV 137 ff.), oder ob man den Bedenken,

---

1) Er hat selten etwas stehen lassen, was uns ein sprachliches Indicium für den Urheber ist. Eins scheint mir aber bezeichnend zu sein: c. 6 (p. 229 Bernays, p. 10, 4 Cumont) heifst es: πάνθ' ὅcα τῶν cυνθέτων φθείρεται, διάλυcιν εἰc τὰ ἐξ ὧν cυνετέθη λαμβάνει· διάλυcιc δ' οὐδὲν ἦν ἄρα ἢ πρὸc τὸ κατὰ φύcιν ἑκάcτων ἐπάνοδοc. So schreibt doch nur ein Peripatetiker.

welche Diels (Doxographi p. 106 ff.) und v. Arnim (a. a. O. p. 41 ff.) gegen diese Ansicht vorgebracht haben, beistimmen soll.[1]

Für die Entscheidung dieser Frage scheint mir eine bisher nicht beachtete Thatsache von Bedeutung zu sein, dafs nämlich die meisten der von den Stoikern beigebrachten Beweise für die φθορά κόϲμου sich wiederfinden bei Lucretius V 235—415. Es wurden von den Gegnern, wie Theophrast sagt (c. 23), vier Gründe für die γένεϲιϲ καὶ φθορά κόϲμου beigebracht. Der erste bezieht sich auf die γένεϲιϲ: wäre die Welt ewig, so würde ihre Oberfläche eine völlige Ebene bilden, da die Berge durch die ewigen Regengüsse dem Erdboden gleichgemacht sein würden (c. 23). Die drei anderen betreffen nur die φθορά: der zweite (c. 23) schliefst aus der Abnahme des Meeres auf den Weltuntergang; der dritte (c. 24) wird in folgenden Syllogismus gekleidet: „Dasjenige, welches in allen seinen Teilen zerstörbar ist, wird in seinem ganzen Umfang zerstört; nun sind aber alle Teile der Welt zerstörbar; also ist die Welt zerstörbar." Der vierte (c. 24) schliefst von einer φθορά des Menschengeschlechts auf eine φθορά der Welt; ersteres wird so bewiesen: wäre das Menschgeschlecht ewig, so würde nicht zu begreifen sein, dafs die dem Menschen jedenfalls gleichaltrigen Künste noch so jung sind (denn dafs sie das sind, beweisen die Listen der εὑρήματα). Das Menschengeschlecht ist also nicht ewig, daher auch nicht die Welt. Daraus folgt, dafs beide der φθορά teilhaftig sind. — Der dritte Grund, der von der Zerstörbarkeit der Teile auf die Zerstörbarkeit des Ganzen schliefst, wird im Einzelnen durch folgende Argumente bewiesen: Zerstörbar ist

a) die Erde; Beweis: das Vermodern der Steine (p. 266 f. Bern. 37, 9 ff. Cum.);

b) das Wasser; Beweis: im Zustand der Ruhe geht es in eine leichenhafte Beschaffenheit über (p. 267 Bern. 37, 14 ff. Cum.);

c) die Luft; Beweis: pestartige Krankheiten (p. 267 Bern. 37, 16 ff. Cum.);

d) das Feuer; Beweis: es erlischt, wenn es keine Nahrung findet (p. 267 Bern. 38, 3 ff. Cum.).

Bei Lucretius finden sich nun einige der angeführten Gründe in genauer Übereinstimmung wieder, andere in etwas abweichender

---

[1] In den kürzlich erschienenen Fragmentsammlungen Zenos von Pearson 'The Fragments of Zeno and Cleanthes' London 1891, und Troost 'Zenonis Citiensis de rebus physicis doctrinae fundamentum ex adiectis fragmentis' (Berl. Stud. XII Heft 3) ist der zenonische Ursprung der Philonischen Kapitel festgehalten; doch hat letzterer die Streitfrage überhaupt nicht berührt (p. 63 ff.) und auch Pearson, dessen Abhandlung ich mir nicht habe verschaffen können, scheint, nach der Recension Wendlands (Berl. ph. Woch. 1892 p. 270) zu urteilen, keine neuen Gesichtspunkte beigebracht zu haben. Auch Susemihl (Gr. Litt.-Gesch. II 322 ff.) weist die Argumentation v. Arnims mit ein paar allgemeinen, aber nicht zutreffenden Bemerkungen zurück.

Fassung. Nur das erste Argument der Stoiker fehlt ganz (doch erscheinen grofse Wasserfluten v. 255 f. 411 ff.). Das vierte wird genau reproduciert v. 330 ff., das zweite (Abnahme des Meeres) wird hier njcht durch das Auftauchen neuer Inseln bewiesen, wie in dem stoischen Beweis, sondern durch die Verdunstung des Wassers (v. 261 ff.). Das dritte wird in demselben Syllogismus vorgetragen, den die Stoiker anwendeten (v. 235 ff.):

'principio quoniam terrai corpus et umor
aurarumque leves animae calidique vapores,
e quibus haec rerum consistere summa videtur,
omnia nativo ac mortali corpore constant,
debet eodem omnis mundi natura putari.
quippe etenim, quorum partis et membra videmus
corpore nativo ac mortalibus esse figuris,
haec eadem ferme mortalia cernimus esse
et nativa simul.'

Dafs die Einzelteile dieses Beweises (a, b, c) bei Lucretius in anderer Weise wiederkehren, hat seinen Grund darin, dafs die Stoiker im Wesentlichen nur die φθορά beweisen wollen (woraus dann indirekt die γένεcιc folgt), während Lucretius beides, γένεcιc und φθορά, verbinden will; doch auch hier ist ein enger Zusammenhang wahrnehmbar: IIId (Erlöschen des Feuers bei mangelnder Nahrung) wird auch von Lucretius geltend gemacht und IIIa (Vermodern der Steine als Beweis für φθορά der Erde) hatte bei Lucretius freilich da keinen rechten Platz, wo er γένεcιc und φθορά beweisen wollte (v. 235 bis 305), doch schon hier (251 ff.) kann er wenigstens einen Teil dieses stoischen Beweises brauchen, dafs nämlich die erdigen Bestandteile in Staub zerfallen und dieser durch die Winde verflüchtigt wird, aber der ganze Beweis wird v. 306 ff. nachgeholt, wo nur die φθορά bewiesen werden soll.

Die wesentliche Übereinstimmung der stoischen Argumentation mit derjenigen des Lucretius hat gröfsere Bedeutung, als man sie einer Parallelstelle meistenteils zuschreiben kann. Wir stehen hier vor einer Alternative: entweder hat Lucretius hier eine stoische Quelle eingefügt oder er ist dem Meister treu geblieben. Die erstere Möglichkeit ist an sich keineswegs ausgeschlossen, wir dürfen uns aber doch nur dann zu ihrer Annahme verstehen, wenn die zweite mit gewichtigen Gründen zurückgewiesen werden kann. Das ist aber nicht der Fall. Wir haben nämlich ein Zeugnis dafür, dafs Epikur diese Frage ausführlich behandelte: fr. 305 Us. (Aetius II 4, 10 p. 331, 24 Diels) Ἐπίκουρος πλείστοις τρόποις τὸν κόσμον φθείρεσθαι· καὶ γὰρ ὡς ζῷον καὶ ὡς φυτὸν καὶ πολλαχῶς. Dafs seine Polemik gegen Aristoteles gerichtet war, versteht sich eigentlich von selbst, es wird aber auch ausdrücklich bezeugt durch Lactantius (div. inst. II 10, 24 p. 214, 26 Us.) 'non potuit defendere Aristoteles, quo minus habuerit et mundus ipse principium. quod si Aristoteli Plato et

Epicurus extorquent[1]), et Platoni et Aristoteli, qui semper fore mundum putaverunt, licet sint eloquentes, ingratis tamen idem Epicurus eripiet, quia sequitur, ut habeat et finem.' Dafs nun auch Zeno gegen das aristotelische Dogma von der Ewigkeit und Unvergänglichkeit der Welt polemisiert haben mufs, kann keinem Zweifel unterliegen; die stoischen Beweise, die wir bei Philo lesen und die zum Teil auch bei Laertius Diogenes VII 141 wiederkehren, können an und für sich von Zeno sein, es wird durch folgende Erwägungen sogar in hohem Grade wahrscheinlich. Sollte Epikur diese Beweise selbst gefunden haben? Bei seinem geringen Interesse an diesen Dingen, die für ihn ja nur Mittel zum Zweck waren, ist das nicht sehr glaublich; doch man könnte ja sagen, dafs die Beweise ziemlich auf der Hand liegen, oder dafs er sich vielleicht auch aus alten physikalischen Systemen manches Brauchbare hierfür holen konnte. Aber es läfst sich nachweisen, dafs er speciell auf die stoische Anschauung von der Welt in dieser Frage Rücksicht nahm. Man betrachte die schon oben angeführten Worte Frgm. 305: Ἐπίκουρος πλείστοις τρόποις τὸν κόσμον φθείρεσθαι· καὶ γὰρ ὡς ζῷον καὶ ὡς φυτόν καὶ πολλαχῶς. Was mit dem unbestimmten πολλαχῶς gemeint ist, lässt sich noch näher feststellen. Epikur selbst freilich in dem Brief an Herodot (L. D. X 73 p. 25, 15 Us.) drückt sich ebenfalls allgemein aus: καὶ πάλιν διαλύεσθαι πάντα, τὰ μὲν θᾶττον, τὰ δὲ βραδύτερον καὶ τὰ μὲν ὑπὸ τῶν τοιῶνδε, τὰ δὲ ὑπὸ τῶν τοιῶνδε πάσχοντα, aber mehr lernen wir aus Philo c. 3 (p. 222 B. p. 4, 3 ff. C.) Δημόκριτος μὲν οὖν καὶ Ἐπίκουρος καὶ ὁ πολὺς ὅμιλος τῶν ἀπὸ τῆς στοᾶς φιλοσόφων γένεσιν καὶ φθορὰν ἀπολείπουσι τοῦ κόσμου, πλὴν οὐχ ὁμοίως· οἱ μὲν γὰρ πολλοὺς κόσμους ὑπογράφουσιν, ὧν τὴν μὲν γένεσιν ἀλληλοτυπίαις καὶ ἐπιπλοκαῖς ἀτόμων ἀνατιθέασι, τὴν δὲ φθορὰν ἀντικοπαῖς καὶ προσράξεσι τῶν γεγονότων. Es ist klar: hier haben wir die eigentliche Auffassung Epikurs, die eng anknüpft an die des Demokrit (vgl. Zeller 'Gesch. d. Phil.' 1[4] 797, 2) und sie ist es auch, die von Lucretius v. 351 ff. hinter den andern oben angeführten Argumenten ausführlich behandelt wird. Nur dies eine Argument ist aus dem epikureischen System, welches mehrere Welten annimmt, verständlich, die übrigen Argumente werden nur angeführt, um den Weltuntergang auch für diejenigen zu erweisen, die einer andern Ansicht über die Beschaffenheit der Welt anhingen.[2]) Diese Art der Argu-

---

1) Das soll offenbar heifsen: Epikur mit Berufung auf Plato (dafs dieser fortwährend als Trumpf gegen Aristoteles ausgespielt wurde, kann die philonische Schrift lehren); denn schwerlich ist dem Lactantius irgendwoher die auch sonst überlieferte Thatsache bekannt geworden, dafs Aristoteles bereits zu Lebzeiten Platos diese Lehre aufstellte. Ersteres ist auch wahrscheinlicher wegen der folgenden Worte: in dem einen Punkte stimmte Epikur Plato bei, in dem andern nicht.

2) Daraus erklärt sich auch, dafs bei Philo nur dieser eine Grund als epikureisch bezeichnet wird.

mentation ist ein (bekanntlich später von den Skeptikern übernommenes) Specificum Epikurs: die Erforschung der Natur soll sich nicht mit éiner αἰτία begnügen, denn bei allem ἐνδέχεται γίνεcθαι πλείονας τρόπους, die alle berücksichtigt werden wollen, μόνον ὁ μῦθος ἀπέcτω (vgl. z. B. Laert. D. X 78, 79, 97, 98, 104, 113; Lucr. VI 703 ff. u. ö. vgl. Usener p. 381, 3). In unserm Fall ist auch ersichtlich, welche τρόποι als ἐνδεχόμενοι in Betracht gezogen werden, nämlich die stoischen; denn man vergleiche mit dem angeführten Zeugnis, daſs Epikur die Welt für zerstörbar erklärt habe ὡς ζῷον καὶ ὡς φυτόν, folgende Beweisführung Chrysipps bei Philo c. 19 (p. 255 B. 29, 20 ff. C.): „das Feuer, welches die entwickelte Welt in sich aufgenommen hat, ist der Same der zukünftig entstehenden Welt; denn wie die Geburt aus Samen, so erfolgt auch die Auflösung in Samen." Gegen diese Ansicht polemisiert der Peripatetiker so: „angenommen, das wäre richtig, es gliche also die Welt entweder einer Pflanze oder einem Tier (ἢ φυτῷ ἢ ζῴῳ), so ist doch in beiden Fällen die Ansicht unhaltbar," wie des Weiteren bewiesen wird. Daſs der Peripatetiker die Worte „es gliche also die Welt entweder einer Pflanze oder einem Tier" nicht etwa bloſs aus der stoischen Beweisführung abstrahiert hat, sondern daſs beide Eventualitäten von den Stoikern selbst in Betracht gezogen wurden, ergiebt sich aus einer Stelle Senecas (nat. quaest. III 29): nachdem er dort den κατακλυςμός als Hauptursache des einstigen Weltuntergangs geschildert hat, führt er noch einige andere Ursachen an (§ 2): 'et istas ego receperim causas (neque enim ex uno est tanta pernicies) et illam, quae in conflagratione nostris placet, huc quoque transferendam puto: sive anima est mundus, sive corpus natura gubernabile, ut arbores et sata, ab initio eius usque ad exitum quicquid facere, quicquid pati debeat, inclusum est.' Jeder erkennt sofort, daſs hier die von den Stoikern so oft betonte Stufenfolge der Dinge innerhalb der Natur nach ψυχή, φύcις und ἕξις[1]) zugrunde liegt und auf die Welt als Ganzes angewandt wird: mag sie nun ψυχή haben, d. h. ein ζῷον sein oder bloſs φύcις d. h. ein φυτόν sein, in beiden Fällen (und selbstverständlich erst recht im dritten, wenn sie bloſs ἕξις hat, d. h. ein anorganisches Wesen

---

1) Vgl. die Stellensammlung bei Zeller III 1³, 192, 8. Hinzuzufügen ist noch eine leicht verderbte Stelle bei Julian or. VI 182 CD: Προμηθεύς, ἡ πάντα ἐπιτροπεύουcα τὰ θνητὰ πρόνοια ....., ἅπαcι μετέδωκεν ἀcωμάτου λόγου. μετέcχε δὲ ἕκαcτον οὗπερ ἠδύνατο, τὰ μὲν ἄψυχα cώματα τῆς ἕξεως μόνον, τὰ φυτὰ δὲ ἤδη καὶ cώματος τὰ ζῷα δὲ ψυχῆς, ὁ δὲ ἄνθρωπος καὶ λογικῆς ψυχῆς. Offenbar ist cώματος sinnlos und φύcεως dafür einzusetzen; diese Art der Korruptel, daſs ein kurz vorhergehendes Wort irrtümlich wiederholt wird, ist sehr häufig in den Hss. Julians, z. B. in Hertleins Ausgabe p. 329, 7. 342, 7. 375, 13. 483, 21. Falsch ist diese Stelle behandelt von Klimek 'coniectanea in Iulianum et Cyrilli Alexandrini contra illum libros' diss. Breslau 1883 p. 11. (φύcεως hat, wie ich nachträglich sehe, schon Günther im 'genethl. Gotting.' p. 177 f. hergestellt).

ist) ist sie zerstörbar. Wenn nun Epikur die Zerstörbarkeit der Welt für den Fall nachwies, dafs sie ein ζῷον ist, so hätte er darin nicht unbedingt auf die Stoiker sich zu beziehen brauchen, denn diese führten ja nur die platonische Vorstellung von der Beseeltheit des Weltganzen weiter aus; wenn er aber auch die Möglichkeit in Betracht zog, dafs sie ein φυτόν sei, so mufs er sich hier den Stoikern angeschlossen haben, denn nur bei Zugrundelegung jener stoischen Dreiteilung konnte dieser τρόποϲ in Betracht kommen.

Da nun also Epikur in éinem wichtigen Punkte seiner Beweisführung deutliche Kenntnis der stoischen Argumente verrät, dürfen wir nicht annehmen, dafs die oben angeführten Beweise, in welchen Lucretius mit dem Stoiker bei Philo übereinstimmt, von Lucretius aus einer stoischen Quelle den Ausführungen Epikurs hinzugefügt sind, sondern wir müssen konstatieren, dafs Epikur von der gesamten stoischen Beweisführung sich das angeeignet hat, was ihm brauchbar erschien. Seine Übereinstimmung mit den Stoikern erstreckt sich bis auf Einzelheiten: während Plato Ges. III 676 B ff. aus der allgemeinen φθορά einige Menschen ausnimmt, welche die Tradition der Künste bewahren, lassen die Stoiker nach Philo c. 24 das ganze Menschengeschlecht untergehen, und dieselbe Abweichung von der platonischen Ansicht finden wir auch bei Lucretius v. 338 ff.; beide machen also Front gegen die Ansicht der Peripatetiker, die in diesem Punkte Plato folgten (vgl. Zeller II 2, 508, 2). Nun könnte man einwenden: warum soll in diesem Fall die stoische Ansicht die Priorität haben? ist es nicht denkbar, dafs Epikur vorangegangen und der Stoiker ihm gefolgt ist? Dem gegenüber ist aber zu erwidern, dafs dieses Argument vortrefflich für die Stoiker pafst, während Epikur grade dadurch, dafs er ein für die Voraussetzungen seines Systems ungeeignetes Argument beibringt, seine Abhängigkeit deutlich zu erkennen giebt. Denn es ist leicht zu sehen, wie er sich drehen und wenden mufs, um diesen Beweis seinen Anschauungen konform zu machen. Der Stoiker schliefst aus der relativen Unvollkommenheit der Künste, die mit dem Menschengeschlecht gleichaltrig sein müssen, auf ein kurzes Bestehen desselben; da also der Mensch nicht ewig ist, so auch kein anderes lebendes Wesen, also auch nicht die zu ihrer Aufnahme bestimmten Örter, nämlich Erde, Wasser und Luft; also ist die Welt zerstörbar. Das specifisch Stoische an dieser Argumentation ist, wie Zeller hervorgehoben hat, der unmittelbare Schlufs von der Vergänglichkeit des Menschengeschlechtes auf die Vergänglichkeit der Welt: das erklärt sich nur bei der Voraussetzung des stoischen Systems, dafs der Mensch Zweck der Welt ist. Epikur konnte diesen Schlufs in dieser Form nicht für gültig halten, da er ein κεφάλαιον seines Systems verletzte und wir sehen auch, wie er in der That eine Modifikation vornimmt. Bei Lucretius heifst es nämlich folgendermafsen: „aus der Unvollkommenheit der Künste sowie aus der Thatsache, dafs noch jetzt fortwährend neue Erfindungen gemacht werden, folgt, dafs die Welt ganz jung ist." Soweit stimmt alles zu der stoischen Argumentation, und beiden ist, wie bemerkt, auch die Abweichung von der erwähnten Stelle der platonischen Gesetze gemeinsam. Aber von hier ab argumentiert der Epikureer anders: „es könnte, meint Lucretius, vielleicht jemand sagen: daraus, dafs das Menschengeschlecht durch grofse Bründe oder Überflutungen vernichtet wurde und mit allem wieder von vorn anfangen mufste, ist noch keineswegs auf einen Untergang der ganzen Welt zu schliefsen, denn derselbe Procefs kann sich oft wiederholen, ohne dafs die Welt als Ganzes dadurch betroffen wird. Dagegen erwidert Lucretius: grade diese Argumentation zwingt dazu, die Welt für vergänglich zu erklären; denn wenn alles von solchen Krankheiten und so grofsen Gefahren heimgesucht wird, dann braucht nur einmal eine schlimmere Ursache einzutreten und die ganze Welt fällt in Trümmer zusammen, ebenso wie den Einzelwesen das Übermafs der Krankheit den Tod bringt." So bündig hier die stoische Beweisführung ist, so wenig befriedigt die epikureische; es kann kein Zweifel obwalten, dafs jene die frühere und letztere die durch sie bedingte ist.

Aus dem Nachweis, dafs bereits Epikur die stoischen Beweise für die φθορά κόϲμου kennt, folgt mit Notwendigkeit, dafs dieselben auf Zeno zurückgehen, den einzigen Stoiker, den Epikur berücksichtigen konnte. Wenn Theophrast also in den Kapiteln bei Philo gegen stoische Beweise polemisiert, die zum Teil auch bei Epikur sich finden, so folgt, dafs er als Hauptgegner Zeno und daneben vielleicht auch Epikur im Auge hat.

Es fragt sich nun, ob die gegen Zenos Urheberschaft vorgebrachten Gründe so zwingend sind, dafs wir an der Richtigkeit des oben geführten Beweises irre werden müfsten. Besonders v. Arnim hat in der erwähnten Schrift p. 41 ff. den zenonischen Ursprung der stoischen Beweise in Frage gestellt, aber ich kann seine Gründe nicht für richtig halten.[1]) Gleich der Ausgangspunkt seiner Polemik gegen Zenos Urheberschaft ist unrichtig. Philo beginnt seinen Bericht folgendermafsen (c. 23 Anf.): Θεόφραϲτοϲ μέντοι φηϲὶ τοὺϲ γένεϲιν καὶ φθορὰν τοῦ κόϲμου κατηγοροῦνταϲ ὑπὸ τεττάρων ἀπατηθῆναι τῶν μεγίϲτων, γῆϲ ἀνωμαλίαϲ, θαλάττηϲ ἀναχωρήϲεωϲ, ἑκάϲτου τῶν τοῦ ὅλου μερῶν διαλύϲεωϲ, χερϲαίων φθορᾶϲ κατὰ γένη ζῴων. Arnim meint (p. 41 f.), dafs diese vier Überschriften in ihrer Form zu den folgenden Beweisen nicht genau passen und diese Inkongruenz daraus zu erklären sei, dafs ein späterer Peripatetiker die stoischen Argumente verkehrterweise unter das einmal gegebene theophrastische Schema subsumiert habe. Daraus würde dann allerdings folgen, dafs die stoischen Beweise in der Form, wie wir sie bei Philo lesen, nicht bei Theophrast gestanden hätten und der ganze

---

1) Auch Wendland 'Arch. f. Phil.' V 235 bezeichnet sie als wenig wahrscheinlich.

Streit zwischen Zeno und Theophrast unerweislich wäre. Allein die theophrastischen Überschriften passen vortrefflich zu den folgenden Beweisen. Die vierte Überschrift: χερcαίων φθορὰ κατὰ γένη ζώων, so meint Arnim, stimme nicht mit dem vierten Beweis überein, „welcher aus der verhältnismäfsigen Jugend der Künste und Erfindungen die Jugend des Menschengeschlechts und weiterhin des gegenwärtigen Weltzustandes folgert. Denn jene Überschriften wollen ja allemal die Thatsache angeben, die der Beweis zum Ausgangspunkt nimmt. Ferner ist in dem Beweise selbst von einer φθορά der Tierarten nicht mit einem Worte die Rede. Dafs sie irgend einmal angefangen haben zu existieren, nicht dafs sie aussterben, soll in demselben dargethan werden." Nun sehe man sich aber diesen vierten Beweis an (c. 24 p. 268 f. B. p. 39, 4 ff. C.); er zerfällt in zwei Teile, von denen der zweite die Folgerung aus dem ersten zieht: 1) wäre die Welt ewig, so auch die Tiere und besonders der Mensch. Nun ist aber das Menschengeschlecht verhältnismäfsig jung, wie die Unvollkommenheit der Künste zeigt. 2) „Wenn der Mensch nicht ewig ist, so auch kein anderes lebendes Wesen, also auch nicht die zu deren Aufnahme bestimmten Örter, Erde, Wasser und Luft; hieraus ist klar, dafs die Welt zerstörbar ist." Da Arnim nur den ersten Teil des Beweises anführt, schliefst er unrichtig, „dafs in demselben von einer φθορά der Tierarten nicht mit einem Worte die Rede sei". — Weiter behauptet Arnim, dafs auch der erste Beweis zu der ersten Überschrift (γῆc ἀνωμαλία) nicht passe. Denn während in dem Beweise aus der Unebenheit der Erdoberfläche auf ein kurzes Bestehen der Welt geschlossen werde, habe offenbar derjenige Philosoph, von dem die vier Überschriften herrührten, nicht gegen die zeitliche Entstehung der Welt, sondern nur gegen ihre Zerstörbarkeit polemisiert. Aber Philo sagt ja ausdrücklich: Θεόφραστός φηcι τοὺc γένεcιν καὶ φθορὰν τοῦ κόcμου κατηγοροῦντας ... ἀπατηθῆναι und es stimmt dazu doch vortrefflich, dafs das erste der vier gegnerischen Argumente ein zeitliches Entstehen der Welt nachweist, die drei andern die Zerstörbarkeit.

Da nun die ganze weitere Argumentation Arnims auf der Voraussetzung weiterbaut, dafs von den vier Überschriften zwei mit den zugehörigen Beweisen nicht vereinbar sind, so ist es für den vorliegenden Zweck unnötig, auf diese Schlüsse näher einzugehen, nachdem deren Prämissen sich als nicht haltbar gezeigt haben. Es würde eine Widerlegung sehr weitläufig sein, da diese Schlüsse noch mit einer weiteren unhaltbaren Voraussetzung operieren, die Arnim in dem ersten Teil seiner Schrift vergeblich zu begründen bemüht ist, nämlich mit der Annahme zweier peripatetischer Quellenschriften Philos, der in Wahrheit nur eine peripatetische Schrift, daneben vielleicht eine stoische Schrift der neueren Richtung (seit Boëthos)[1]) benutzt hat.

---

[1]) Der Beweis c. 21 (p. 260 B., p. 33, 5 ff. C.) kann, wie Arnim p. 34 f.

Schon vor Arnim hat Diels Doxogr. p. 106 ff. gegen die zuerst von Zeller behauptete Polemik des Theophrast gegen Zeno Einspruch erhoben. Im Wesentlichen scheint mir Zeller in einer Erwiderung auf die Dielsschen Argumente (Hermes XV 137 ff.) wenigstens die Möglichkeit eines solchen Streites zwischen Theophrast und Zeno erwiesen zu haben. Die obige Beweisführung giebt, wenn ich nicht irre, dieser Vermutung eine wesentliche Bestätigung. Dafs ein Streit zwischen den Häuptern der feindlichen Schulen jeder geschichtlichen Wahrscheinlichkeit widerspreche, hätte Arnim (p. 42) nach den Bemerkungen Zellers (a. a. O. p. 144) nicht betonen sollen. Man mufs sich doch vorstellen, wie ungeheuerlich manchem Philosophen die aristotelische Lehre von der Anfangslosigkeit der Welt erscheinen mochte, denn die Unzerstörbarkeit der gegenwärtigen Welt hatte freilich schon Plato behauptet, aber keiner vor Aristoteles hatte von einer Anfangslosigkeit derselben gesprochen. Sollen wir glauben, dafs Zeno nicht gegen diese Auffassung Front gemacht habe, welche die Axt an die Wurzeln seines physikalischen Systems legte? Er hatte um so mehr Grund dazu, als die aristotelische Lehre grofsen Anklang fand und sogar in die Akademie eindrang. Theophrast verteidigte gegen diese Angriffe seinen Lehrer. Sollte er in der Schrift πρὸς τοὺς φυσικούς[1]) den stoischen Standpunkt nicht berücksichtigen

---

richtig anführt, nur von einem Stoiker herrühren, da er mit specifisch stoischen Argumenten operiert, ich denke, von Panaetius: es wird in ihm die φθορά bekämpft auf Grund der ἰσονομία der μεταβολαί der Elemente. Das ist allerdings ursprünglich ein hauptsächliches peripatetisches Argument, aber aus Cic. de nat. deor. II 33, 84 wird es in hohem Grade wahrscheinlich, dafs Panaetius es sich aneignete (vgl. Schmekel 'Philos. d. mittl. Stoa' p. 187, 2): also wird dieser Beweis auf ihn zurückgehen und ebenso der kurz vorhergehende Beweis c. 20 (p. 259 B., p. 32, 4—16 C.), der, wie Arnim bemerkt, sowohl innerlich als auch in der Art der (offenbar stoischen) Argumentation mit dem andern zusammenhängt. Der dazwischen stehende Beweis (c. 21 p. 260 B., p. 32, 25—33, 4 C.) rührt sicher nicht von Panaetius her, überhaupt von keinem Stoiker (vgl. Arnim). Er fällt auch in seiner Form (vgl. die thörichten Worte Z. 9 f. B., Z. 2 f. C.) und in der ganzen Art der Argumentation völlig heraus: er wendet sich nicht gegen die φθορά überhaupt, sondern speciell nur gegen die ἐκπύρωσις, beweist also eigentlich gar nichts. Es ist mir wahrscheinlich, dafs dies Einschiebsel von Philo aus einem gröfseren Ganzen herausgerissen ist. Wie kommt es nun aber, dafs dies Einschiebsel in eine zusammenhängende Beweisreihe eingekeilt ist, die dadurch zerstört wird? Das ist ein in dieser Schrift aufserordentlich häufig angewendeter Kunstgriff Philos, den Arnim nicht beachtet hat und der ihn daher oft irregeführt hat: um den Schein zu erwecken, dafs er sehr viele Gründe vorbringe, reifst Philo eine zusammenhängende Beweiskette auseinander durch Einschiebung eines ganz heterogenen Beweises; denn nun sieht es so aus, als ob er beispielsweise 3 Gründe vorbringt, während es in Wirklichkeit nur 2 sind, da 1 und 3 eng zusammenhängen.

1) Diels doxogr. p. 106 meint, dafs die philonischen Kapitel keinesfalls aus den φυσικῶν δόξαι stammen können, da diese nur bis Plato reichten. Man müfste also schon an einen Exkurs denken, jedenfalls schenkte Theophrast, wie auch nicht anders zu erwarten, dieser Frage

haben? Das ist doch sehr unwahrscheinlich, da die neue Lehre des kyprischen Philosophen in Athen grofses Aufsehen machte (wie vor allem die Komödie lehrt) und forderte, dafs man sich mit ihr auseinandersetzte. Und der Streit mit Vorgängern und Zeitgenossen ist von den ältesten Zeiten an das Lebenselexier der antiken Philosophie gewesen.

Theophrast hat, wie er selbst sagt, nur die vier gröfsten Irrtümer widerlegen wollen, in welchen seiner Meinung nach diejenigen befangen waren, welche die Welt für geworden und vergänglich hielten. Mit wie massenhaftem Material diese Frage in Wirklichkeit behandelt wurde, zeigt die philonische Schrift. Zwei Argumente mögen hier noch kurz besprochen werden. Bei Philo c. 22 (p. 262 f. B., 34, 9 ff. C.) führen die Stoiker 4 τρόποι φθορᾶς an: πρόcθεcιc ἀφαίρεcιc μετάθεcιc ἀλλοίωcιc. Der Peripatetiker widerlegt diese einzeln, bei der μετάθεcιc sagt er: ἀλλὰ τί φῶμεν...; τὰ μέρη μετατίθεcθαι; μενεῖ μὲν οὖν ἐν ὁμοίῳ τοὺc τόπουc οὐκ ἐναλλάττουcα. οὐ γὰρ ἐποχήcεταί ποτε οὔτε ὕδατι πᾶcα γῆ οὔθ' ὕδωρ ἀέρι οὔτε ἀὴρ πυρί, ἀλλὰ τὰ μὲν φύcει βαρέα, γῆ καὶ ὕδωρ, τὸν μέcον ἐφέξει τόπον, γῆc μὲν θεμελίου τρόπον ὑπερειδούcηc, ὕδατοc δὲ ἐπιπολάζοντοc, ἀὴρ δὲ καὶ πῦρ, τὰ φύcει κοῦφα, τὸν ἄνω, πλὴν οὐχ ὁμοίωc. ἀὴρ γὰρ πυρὸc ὄχημα γέγονε, τὸ δ' ἐποχούμενον ἐξ ἀνάγκηc ὑπερφέρεται. Die Ansicht der Gegner erfahren wir hier nur sehr ungenügend; welcher Art sie war und dafs sie schon in den Anfang des ganzen Streites hinaufreicht, lernen wir aus Epikur bei Laert. D. X 73 (in dem Brief an Herodot): διαλύεcθαι πάντα, τὰ μὲν θᾶττον, τὰ δὲ βραδύτερον καὶ τὰ μὲν ὑπὸ τῶν τοιωνδε, τὰ δὲ ὑπὸ τῶν τοιωνδε πάcχοντα, wozu ein Scholion folgendes hinzufügt: δῆλον οὖν ὡc καὶ φθαρτούc φηcι τοὺc κόcμουc μεταβαλλόντων τῶν μερῶν. καὶ ἐν ἄλλοιc, τὴν γῆν τῷ ἀέρι ἐποχεῖcθαι Gemeint haben kann Epikur mit den letzten Worten nur das Erdbeben, welches begreiflicherweise auch sonst unter den Gründen für die φθορὰ κόcμου öfters erscheint (Lucr. V 105 ff. VI 565 ff. 601 ff. Sen. ep. 91, 8 ff.). Für den in dieser Sache üblichen Ausdruck ἐποχεῖcθαι vgl. Aetius plac. III 14 (περὶ cειcμῶν γῆc) doxogr. 380, 19 ff.: 'Αναξιμένηc διὰ τὸ πλάτοc ἐποχεῖcθαι τῷ ἀέρι. οἱ δέ φαcιν ἐφ' ὕδατοc, καθάπερ τὰ πλαταμώδη καὶ cανιδώδη ἐπὶ τῶν ὑδάτων· διὰ τοῦτο κινεῖcθαι (zu diesen οἱ δέ gehört auch Thales, vgl. doxogr. 653, 22 Genfer Scholien zu Il. H 455 und Seneca nat. qu. VI 6). Demokrit scheint neben anderen Erklärungen auch eine der angegebenen ähnliche als möglich hingestellt zu haben (vgl. Seneca a. a. O. c. 20, 1 ff.) und auch was wir von den Theorieen

grofse Aufmerksamkeit, wie vor allem das Citat des Taurus bei Johannes Philoponus adv. Procl. de mundi aeternitate VI c. 8 p. 38 (vgl. c. 21 p. 48 c. 27 p. 57 f.) zeigt. Doch scheint die mutmafsliche Anlage dieses theophrastischen Werkes eine solche Annahme nicht zu empfehlen.

Epikurs wissen (fr. 350 351 Lucr. VI 535 ff.) stimmt ziemlich zu jener Auffassung, wenn auch das Wort ἐποχεῖϲθαι selbst hier nicht vorkommt. Dafs Epikur in dieser Frage sich an ältere Vorlagen anschlofs, beweist auch folgender Umstand: nach Aristoteles de caelo II 13. 294 b 13 ff. erklärten sich Anaximenes, Anaxagoras und Demokrit den Ruhezustand des auf der darunterliegenden Luft gelagerten Erdkörpers aus dem grofsen Umfang desselben, durch den die Luft so bedeckt werde, dafs sie nirgendwohin einen Ausgang finde und so im Zustand der Ruhe verharre ὥϲπερ τὸ ἐν ταῖϲ κλεψύδραιϲ ὕδωρ. Das letztere Bild gebraucht Lucretius VI 555 f. für dieselbe Sache: die Erdoberfläche wird, wenn sie aus ihrem Ruhezustand beim Erdbeben heraustritt, geschüttelt durch die Bewegungen des unterirdischen Wassers, 'ut vas interdum non quit constare, nisi umor | destitit in dubio fluctu versarier intus'. — Bemerkenswert ist, dafs viele Jahrhunderte später, als der Streit über die Weltewigkeit wieder mit erneuter Heftigkeit geführt wurde, dasselbe Argument von der einen Partei als beweiskräftig angesehen, von der andern widerlegt wurde. Wie Philoponus 'de aeternitate mundi adversus Proclum' X p. 98 ff. berichtet, hatte Proclus die Weltewigkeit u. a. auf folgende Weise begründet: örtliche Veränderung besteht darin, dafs ein Gegenstand von dem ihm zukommenden Orte nach einem ihm fremdartigen bewegt wird; nun sind die Elemente, aus denen das Weltall zusammengesetzt ist, dieser Veränderung nicht teilhaftig; also ist das Weltall einer örtlichen Veränderung nicht unterworfen. Der Mittelsatz entspricht genau dem peripatetischen Argument bei Philo: ἀλλὰ τί φῶμεν ...; τὰ μέρη μετατίθεϲθαι; μενεῖ μὲν οὖν ἐν ὁμοίῳ τοὺϲ τόπουϲ οὐκ ἐναλλάττουϲα u. s. w., er wird von Philoponus, der im Gegensatz zu Proclus die Vergänglichkeit der Welt beweisen will, ebenso wie von Epikur widerlegt. Er sagt (c. 3 p. 101), dies sei παρὰ τὴν ἐνάργειαν, καὶ γὰρ ἡ βῶλοϲ καὶ τὸ ὕδωρ βίᾳ καὶ παρὰ φύϲιν ἐπὶ τὸ ἄνω φέρεται τοῦ οἰκείου ἐκϲτάντα τόπου καὶ τὸ πῦρ οἷον οἱ κεραυνοὶ καὶ ἀϲτραπαὶ ἄνωθεν κάτω ἐκθλιβόμενα φέρεται.[1]) Die Auseinandersetzung des Philoponus dient auch dazu, einen auf den ersten Blick nicht ganz verständlichen Ausdruck in den Worten des Peripatetikers bei Philo zu erklären; denn weshalb sagt dieser: οὐ γὰρ ἐποχήϲεταί ποτε οὔτε ὕδατι πᾶϲα γῆ οὔτε u. s. w.? Diese Einschränkung war bedingt eben durch das gegnerische Argument, welches immer nur mit Ortsveränderungen von Teilen der Elemente operieren konnte, und diese giebt der Peripatetiker zu, ohne deshalb einen Schlufs auf die Elemente in ihrer Ganzheit für zulässig zu erklären. Ebenso behauptet Proclus

---

1) Vgl. auch XIII c. 5 p. 127 ἕκαϲτον (sc. cῶμα) ἐν τῷ κατὰ φύϲιν μένειν ἐθέλει τόπῳ ὡϲ ἐν τούτῳ ϲωζόμενον, καὶ βίαϲ δεῖ, ἵνα τοῦ κατὰ φύϲιν μεταϲτῇ τόπου τὰ ϲώματα, ὥϲπερ ἀμέλει τὸ ὕδωρ καὶ τὰ γεηρὰ τῶν ϲωμάτων μηχαναῖϲ τιϲιν ἢ δυνάμει κρείττωνι κάτωθεν ἄνω ἐκβιαζόμενα φέρεται. Hier ist unter der δύναμιϲ κρείττων wohl das Erdbeben gemeint.

(p. 102), dafs die Teile der Elemente sich ändern können, ohne dafs diese in ihrer Ganzheit geschädigt würden, was Philoponus dann wieder bestreitet.[1])
Ein anderer Punkt ist deshalb von Interesse, weil er abermals zeigt, dafs Epikur keineswegs blofs die Gründe Zenos übernahm, sondern sie gelegentlich auch selbständig umformte. Einen schwierigen Faktor in der Frage über Entstehen und Untergang der Welt bildete die Zeit. Plato wufste sich nicht anders zu helfen als durch die Annahme, dafs sie zugleich mit der Welt entstanden sei (Tim. 38 B). Aber der aristotelische Nachweis der Ewigkeit der Zeit mufs Chrysipp so zwingend erschienen sein, dafs er sich nicht entschliefsen konnte, ihn aufzugeben, obwohl es schwer war, ihn in Einklang zu bringen mit dem Dogma eines zeitlichen Entstehens und Vergehens der Welt. Er half sich, indem er eine Änderung an der zenonischen Definition der Zeit vornahm; während nämlich dieser die Zeit definierte einfach als 'Intervall der Bewegung' (κινήσεως διάστημα, vgl. Zeller III 186, 6), fügte Chrysipp einen Terminus hinzu: 'Intervall der Bewegung der Welt' und zwar verstand er unter κόσμος hier sowohl die bereits entwickelte als auch die noch in Feuer eingehüllte Welt; wenn er also definierte: „die Zeit ist das Intervall der Bewegung des Kosmos, welcher die Perioden der entfalteten wie der zum Feuer geeinten Welt umfafst", so konnte er die Ewigkeit der Zeit allerdings von seinem Standpunkt aus behaupten.[2]) Wie sich Zeno mit seiner Definition zu dieser Frage gestellt hat, wissen wir nicht, aber es läfst sich kaum bezweifeln, dafs er ebenso wie Chrysipp an der Ewigkeit der Zeit festgehalten habe, denn diese ergab sich doch unmittelbar aus seiner Lehre von der Ewigkeit der eigenschaftslosen Materie und der wirkenden Kraft (Stob. ecl. I 322 Philargyrius zu Verg. ge. II 336). Hier gelangte nun Epikur zu einem andern Resultat: er definierte die Zeit nach Sext. adv. math. X 181 (= fr. 294) als ἡμεροειδὲς καὶ νυκτοειδὲς φάντασμα, was Sextus § 188 doch wohl mit Zugrundelegung einer von Epikur selbst gezogenen Schlufsfolgerung so widerlegt: φθαρέντος τε τοῦ κόσμου κατὰ Ἐπίκουρον οὔτε ἡμέρα ἐστὶν οὔτε νύξ, διὰ δὲ τοῦτο οὔτε ἡμερήσιον οὔτε νυκτερήσιον φάντασμα. ἄτοπον δ' ἦν φθαρέντος τοῦ κόσμου λέγειν μὴ εἶναι χρόνον.

Zum Schlufs mag noch auf einige Nachklänge der stoischen Argumentation in der späteren Litteratur hingewiesen werden. Im Anfang seiner Beschreibung der μεταβολὴ τῶν πολιτειῶν sagt Polybius

---

1) Genau dieselbe Kontroverse, die sich hier auf die örtliche Veränderung bezieht, fand statt bei der Wesensveränderung (ἀλλοίωσις) der Elemente, vgl. Philop. XIII c. 10 p. 130.
2) Vgl. hierüber Bernays 'Abh. d. Berl. Ak.' 1882 p. 10 f., dessen Erläuterungen der chrysippischen Lehre ich z. T. wörtlich wiedergegeben habe.

VI 5, 4 ff.[1]): ποίας οὖν ἀρχὰς λέγω καὶ πόθεν φημὶ φύεσθαι τὰς πολιτείας πρῶτον; ὅταν ἢ διὰ κατακλυςμοὺς ἢ διὰ λοιμικὰς περιστάςεις ἢ δι' ἀφορίας καρπῶν ἢ δι' ἄλλας τοιαύτας αἰτίας φθορὰ γένηται τοῦ τῶν ἀνθρώπων γένους, οἵας ἤδη γεγονέναι παρειλήφαμεν καὶ πάλιν πολλάκις ἔςεςθαι ὁ λόγος αἱρεῖ, τότε δὴ ςυμφθειρομένων πάντων τῶν ἐπιτηδευμάτων καὶ τεχνῶν, ὅταν ἐκ τῶν περιλειφθέντων οἱονεὶ ςπερμάτων αὖθις αὐξηθῇ ςὺν χρόνῳ πλῆθος ἀνθρώπων, τότε δή κτλ. Es ist auf den ersten Blick klar, dafs hier eine Anlehnung an die stoische Lehre vorliegt; Plato Ges. III 676 B ff. kommt nicht in Betracht, da er das Menschengeschlecht nur zum Teil untergehen läſst; die ἀφορία καρπῶν wird sonst selten erwähnt[2]), aber zu dem λοιμός steht der λιμός in naher Beziehung.[3]) — Dieselbe Frage wird ςπουδαιογελοίως behandelt in der varronischen Satura Κοςμοτορύνη[4]) (mit dem Nebentitel περὶ φθορᾶς κόςμου), wo κόςμος in utramque partem 'Welt' und 'Ordnung', 'Schmuck' bedeutet, letzteres vielleicht ausgeführt in Erinnerung an das seit Plato bei Behandlung dieser Frage typische Beispiel der τέχναι (vgl. z. B. fr. 228). — Seneca hat das Problem der φθορὰ κόςμου einmal behandelt 'nat. quaest.' III c. 27 ff., hier aber sich im Wesentlichen begnügt, eine rhetorisch-bombastische Beschreibung des κατακλυςμός zu geben, und in engerem Zusammenhang mit den stoischen Erörterungen dieser Frage in dem 91. Briefe, wo sich mehrere der oben behandelten τρόποι φθορᾶς wiederfinden.

---

1) Vgl. Hirzel 'Unters. z. Cic.'s philos. Schr.' II 871, 1.
2) Vgl. Cic. de off. II 5, 16 'est Dicaearchi liber de interitu hominum, Peripatetici magni .., qui collectis ceteris causis eluvionis pestilentiae vastitatis, beluarum etiam repentinae multitudinis, quarum impetu docet quaedam hominum genera esse consumpta' etc. Sen. quaest. nat. III 27, 5 (in der Beschreibung des κατακλυςμός) 'fame laboratur'.
3) Charakteristisch sind die Worte des Stoikers bei Philo c. 24 (p. 267 B. p. 37, 16 ff. C.) αἵ γε μὴν ἀέρος φθοραὶ παντὶ τῳ δῆλαι· νοεεῖν γάρ καὶ φθίνειν καὶ τρόπον τινὰ ἀποθνήςκειν πέφυκεν. ἐπεὶ τί ἄν τις μὴ ςτοχαςάμενος ὀνομάτων εὐπρεπείας ἀλλὰ τἀληθοῦς εἴποι λοιμὸν εἶναι πλὴν ἀέρος θάνατος; Also eine Zurückweisung des Zusammenhangs von λοιμός mit λιμός. Der kühne Ausdruck ἀέρος θάνατος erklärt sich aus einer Reminiscenz an Heraklit (fr. 25 Byw., vgl. auch fr. 68).
4) Der Ausdruck κοςμοτορύνη ist mit besonderer Absicht gewählt (ob aus der Komödie, wie Vahlen 'anal. Noniana' p. 37, 1 will, ist mir sehr zweifelhaft); denn zu der Rührkelle gehört der Mischkessel; mit einem solchen (κυκεών) hatte aber Heraklit den κόςμος verglichen und die Stoiker haben den Vergleich beibehalten (vgl. Herakl. fr. 84 Byw. mit den testim.; vgl. auch Chrysipp bei Plut. 'de Stoic. rep.' c. 34 p. 1049 F und Lukian 'bis acc.' c. 34. Epikur nannte den Heraklit daher einen κυκητής nach Laert. D. X 8 = fr. 238 Us.). Dafs durch dies Wort, ähnlich wie κόςμος, sich gut auf die social-politischen Verhältnisse applicieren liefs, lehrt Varro selbst in einer anderen Satura (fr. 488) 'érgo tum Romae parce pureque pudentis | vixere, en patriam, nunc sumus in rutuba' (ein Wort, welches = rutabulum ist).

# Anhang.

## Prometheus als Menschenbildner.

**Zu p. 439, 1.**

Wann zuerst ist Prometheus als Menschenbildner aufgefafst worden? Es ist merkwürdig, dafs wir, wie es scheint, auf diese Frage keine absolut sichere Antwort geben können, da unsere litterarische Überlieferung uns hier völlig im Stich läfst und auch die sämtlich aus der späteren Zeit stammenden künstlerischen Darstellungen nichts lehren. Im Folgenden soll der Stand der Frage nur klarer dargelegt werden, als dies bisher geschehen ist: ihre Lösung habe ich vergebens gesucht.

Adalbert Kuhn hat in seiner berühmten Schrift 'Herabkunft des Feuers und Göttertranks' die Behauptung aufgestellt, dafs die Sage vom Menschenbildner Prometheus von Anfang an mit der Sage vom Feuerbringer Prometheus verbunden gewesen sei, da Feuererzeugung und Menschenerzeugung nach uralter Vorstellung von einander nicht getrennt werden können. Hieran wird festzuhalten sein (vgl. besonders auch Preller Philol. VII 49), obgleich unser ältester Zeuge, Hesiod, nur mehr den πυρφόρος θεός kennt, denn dies beweist nichts für das Gegenteil. Aber Hesiod selbst zeigt uns den Weg, denn der Mythus, dafs Prometheus den Menschen bildet, ist nicht zu trennen von der hesiodischen Vorstellung, nach welcher Hephaistos das erste Weib geschaffen hat (Theog. 565); der Zusammenhang ist ganz richtig von Proklos zu der betreffenden Stelle bemerkt worden, nur mit einer nicht ganz zutreffenden Schlufsfolgerung: ὅτι οὐ Προμηθεὺς ἀλλὰ Ἥφαιστος ἔπλασε πρῶτον, ἐντεῦθεν δῆλον. Nun wissen wir, dafs in Attika (speciell in der Akademie) Prometheus als der ältere Gott, Hephaistos erst an zweiter Stelle als der jüngere verehrt wurde (schol. Soph. Oed. C. 56); hier wurde nicht wie sonst Hephaistos (vgl. Plat. Critias 109 C 112 B Paus. I 14, 6) sondern Prometheus der Stadtgöttin an die Seite gesetzt (schol. Soph. a. a. O.); ebenfalls nach attischer Sage[1]) spaltet er, nicht Hephaistos, das Haupt des Zeus, aus dem Athene hervorspringt. Vielleicht nahm Prometheus diese bevorzugte Stellung nicht blofs in Attika ein, wenigstens scheint er ursprünglich neben Hephaistos als Sonnengott verehrt worden zu sein[2]) und Hephaistos ist überhaupt ein jüngerer Gott. Wir können uns also vorstellen, dafs an einem Ort, wo Hephaistos hinter Prometheus zurücktrat[3]), dieser Bildner des ersten Menschenpaares wurde: bei

---

1) Eur. Ion 452 ff. (eine euripideische Neuerung ist das sicher nicht, wie Petersen in Fleckeisens Jahrb. 1881, 443 will: der feierlich altertümliche Charakter dieses Gebetes schliefst das geradezu aus) und Apollodor I 3, 6.
2) Vgl. Maximilian Mayer 'Die Giganten und Titanen' p. 96 ff.
3) Robert in Prellers griech. Mythologie p. 81, 6 meint, dafs in Attika diese Sagenversion wegen des ausgeprägten Autochthonengefühls

Hesiod bildet Hephaistos nur das erste Weib, aber klärlich ist diese Beschränkung nur durch die sicher nicht alte Mythenform bedingt, nach der grade das Weib als Strafe für den Betrug des Prometheus geschaffen wurde.

Vor dem Erscheinen der Kuhnschen Schrift ist von Weiske in seiner Schrift 'Prometheus und sein Mythenkreis' (1842) p. 497 ff. eine andere Vermutung über das Alter dieses Mythus aufgestellt worden, die mir immerhin Erwähnung zu verdienen scheint. Er sagt p. 507: „Den Anlafs zu der Dichtung, dafs Prometheus den ersten Menschen formte, gab wahrscheinlich die Verehrung des Prometheus als eines Schutzpatrons der Thonbildner im Kerameikos zu Athen und die dort ausgestellten Thonmodelle und Terracottas von allerlei Form, besonders auch in Menschengestalt, irdene meist bunt bemalte Götterbilder, Büsten und Puppen, wie sich deren viele bei Athen in den Gräbern finden. Diese Bilder konnten leicht zu der Dichtung Anlafs geben, zumal da die bei Hesiod mit der Prometheusfabel verbundene Knetung des Urweibes Pandora und die alte natürliche Vorstellung vom Entstehen des Menschen aus Erde hier mitwirkten, um der durch den Kult des Kerameikos veranlafsten Dichtung die Form zu geben, die sie hat." Im Folgenden verteidigt er diese Vermutung gegen Einwände, die sich leicht erheben liefsen, und unterwirft die übrigen Deutungen einer in den meisten Fällen durchaus richtigen Prüfung.[1]) Zu einem ähnlichen Resultat kam 10 Jahre später unabhängig von Weiske Preller a. a. O. 56.

Für die vorliegende Untersuchung ist es von keiner grofsen Bedeutung, welche von beiden Hypothesen die wahrscheinlichere ist: denn mag nun dieser Mythus uralt sein oder erst aus der nachhesiodeischen Zeit stammen, auf alle Fälle bleibt die Thatsache bestehen, dafs er durch die hesiodeische Dichtung in den Hintergrund gedrängt wurde (wie vor allem die aeschyleische Tragödie zeigt), dann aber plötzlich aus seinem Dunkel hervortrat und von nun an als gleichberechtigt neben der hesiodeischen Sagenversion einherging. Irgend einen Grund mufs das gehabt haben. Die festen Punkte, von denen auszugehen ist, sind folgende.

Die ἀνθρωπουργία des Prometheus wird erst von Philemon bezeugt, aber dieser kennt Prometheus gleich auch als Bildner der Tiere, doch drückt er sich noch etwas unbestimmt aus (IV 32 Mein.) ὁ Προμηθεύς, ὃν λέγουϲ' ἡμᾶϲ πλάϲαι | καὶ τἆλλα πάντα ζῷα.

---

der Athener schwerlich entstanden sei. Aber Pausanias X 4, 4 zeigt eine Möglichkeit, wie beides sich vereinigen liefse.

1) Um Unsicheres mit nicht ganz Sicherem zu stützen vgl. man für diese Ansicht Weiskes ein Fragment aus der varronischen Satura 'Aborigines περὶ ἀνθρώπων φύϲεωϲ' (fr. 4 B.) 'itaque brevi tempore magna pars in desiderium puparum et sigillorum veniebat'; warum? doch wohl weil sie selbst so wie diese κόραι gebildet waren, denn dafs die Entstehungsgeschichte der ζῷα in dieser Satura behandelt war, beweisen aufser dem Titel mehrere der erhaltenen Fragmente.

Herakleides Pontikos (bei Eratosth. Cat. p. 194 Rob.) und Kallimachos (fr. 87. 133) sprechen es so aus, dafs man sieht, ihnen war diese Version ganz geläufig. Dies sind die Thatsachen, auf die Weiske p. 500 ff. und Robert in einer Anmerkung zu Prellers griech. Mythologie (p. 81, 6) hingewiesen haben. Das jedoch verdient hervorgehoben zu werden, dafs der Mythus des Protagoras im gleichnamigen Dialog Platons (320 D ff.) diese Sagenform bereits voraussetzt. Protagoras hat also als unser ältester litterarischer Zeuge für diese Version des Mythus zu gelten. Denn die Zeugnisse aus älterer Zeit sind teils unsicher, teils nachweislich unrichtig. Wenn Servius zu Verg. ecl. 6, 42 sagt: 'Prometheus ... post factos a se homines dicitur auxilio Minervae caelum ascendisse et adhibita facula ad rotam solis ignem furatus, quem hominibus indicavit. ob quam causam irati dii duo mala immiserunt terris, febres et mulieres (so für „morbos" Bergk), sicut et Sappho et Hesiodus memorant', so haben Welcker ('die aeschyl. Trilogie' p. 72) u. a. daraus geschlossen, dafs bereits Sappho den Prometheus als Menschenbildner bezeichne, während Robert (a. a. O.) und Rapp (in Roschers Lex. der Myth. unter 'Hephaistos' p. 2058), wenn sie Philemon als frühesten Gewährsmann hinstellen, zu erkennen geben, dafs sie den Worten 'post factos a se homines' keine Bedeutung beimessen. Jedenfalls wird man soviel sagen dürfen, dafs sich kein ganz sicherer Schlufs aus diesen Worten ziehen läfst.[1]) Noch schlechter ist es um das Zeugnis der Erinna bestellt, denn das betreffende Epigramm, welches unter ihrem Namen in der Anthologie überliefert ist (fr. 4 Bergk), trägt so unverkennbar alexandrinischen Charakter auf der Stirn, dafs man, wenn irgend etwas, so dieses der alten Dichterin absprechen mufs (vgl. Weiske p. 500 f.). Ganz unverständlich aber ist mir, wie Rzach trotz der Bemerkung Prellers a. a. O. 51, 125 folgende ganz wertlose Bemerkung eines Anonymus zu den dürftigen Argumenta des sog. Lactantius Placidus zu Ovids Met. I p. 788 Stav. unter die Fragmente des hesiodischen Κατάλογος hat einreihen können (fr. 23): 'ex terra cum omnia generata sint variarumque rerum mater reperiatur, tum humanum genus, quod cuncta vinceret, Prometheus Iapeti filius, ut idem Hesiodus ostendit, ex humo finxit, cui Minerva spiritum infudit.' Darüber braucht man kein Wort zu verlieren.

In der Zeit zwischen der Erzählung Hesiods und dem Mythus des Protagoras ist die Prometheussage abgesehen von der aeschyleischen Tragödie noch behandelt worden von Epicharm und Sophron; wie letzterer dieselbe aufgefafst hat, ist ganz dunkel und von der Komödie des ersteren wissen wir nicht genug, um etwas Bestimmtes darüber sagen zu können; denn daraus, dafs er den Prometheus mit Deukalion und Pyrrha in Verbindung gebracht hat, wie die späteren Nebentitel beweisen, ist nichts Sicheres zu erschliefsen: das hat auch

---

1) So urteilt auch Weiske p. 497, 1.

schon Hesiod in den Katalogen und (wahrscheinlich) in den Eöen gethan, allein darin liegt nichts anderes ausgesprochen als das Bewufstsein, dafs ihm das Menschengeschlecht alles verdankt, was das Leben lebenswert macht; das genügte, um Deukalion und Hellen zu seinen Söhnen, Graikos zu seinem Urenkel zu machen, wie es in der hesiodischen Genealogie geschieht. In den auf die Anthropogonie bezüglichen Fragmenten des ennianischen Lehrgedichtes ist Prometheus allerdings Menschenbildner (fr. II Vahlen vgl. fr. VI des varronischen Prometheus; vgl. auch fr. III, wo statt des gewöhnlichen Feuers das Sonnenfeuer als viertes der im Menschen enthaltenen cτοιχεῖα· genannt wird, was doch auffällig ist und gut passen würde zu dem, was Sappho in der oben behandelten Stelle erzählt, vgl. auch Welcker 'Aesch. Prom.' p. 72); aber das beweist nichts für Epicharm. — Die aeschyleische Tragödie[1]) weifs bekanntlich nichts von der ἀνθρωπουργία des Prometheus.

Wie ist es nun zu erklären, dafs diese so ganz in Vergessenheit geratene Sagenversion plötzlich unumschränkte Geltung gewinnen konnte? Auf irgendwelchen äufseren Impuls mufs das zurückgehen, nur stehen wir hier an der Grenze dessen, was sich sicher feststellen läfst. Als Vermutung darf vielleicht folgendes vorgetragen werden. Sollte nicht durch die philosophische Spekulation diese Form des Mythus aus ihrer Vergessenheit hervorgeholt sein? Wir haben gesehen, dafs der erste sichere Zeuge Protagoras ist[2]); er freilich schlägt sozusagen einen Mittelweg ein: die Götter bilden die formlose Materie, Prometheus formt sie und zwar vorsorglich und weise, nur durch seinen unklugen Bruder daran gehindert, dem Menschen die höchste Vollkommenheit zu geben. Die Stoiker gingen dann weiter: sie fanden in dem Namen des Prometheus ihre Lehre bestätigt, dafs der Mensch wie das Weltganze ein Werk der höchsten πρόνοια (προμήθεια) sei. Auf diesem Wege mag dann dieser Mythus wieder in weitere Kreise gedrungen sein. Dafs aber ein Mythus durch philosophische Spekulation umgeformt werden und in dieser neuen Gestalt unumschränkte Geltung erlangen kann, das läfst sich wenigstens an einem Mythus zeigen, welcher um so besser hierher pafst, weil ihm dies neue Gewand gleichfalls von einem Sophisten angezogen worden ist. Herakles ist doch nur durch Prodikos das geworden, was er seitdem für alle Zeiten geblieben ist: der Typus des πανάρετος ἀνήρ, denn die Sage bot dazu nur geringe Ansätze, die zudem völlig in den Hintergrund getreten waren (vgl. Wilamowitz, Eur. Herakl. I 334 f.).[3])

---

1) Euripides behandelte diesen ganzen Sagenstoff überhaupt nicht (vgl. Hypoth. zu Aesch. Prom.); Sophokles 'Pandora' giebt nichts aus.
2) Es ist wohl auch nicht blofser Zufall, dafs der Komiker Platon in den Coφιcταί auf eine allegorisierende Deutung des Prometheusmythus anspielt (fr. I 136 K.): ὁ Προμηθεύς ἐστιν ἀνθρώποις ὁ νοῦς.
3) Bemerkt werden mag noch, dafs eine gewichtige Stimme aus

dem Altertum das hohe Alter des Mythus bezeugt. Cornutus de nat. deor. c. 18 sagt: παραδεδομένου τοίνυν ἄνωθεν, ὅτι ὁ Προμηθεὺς ἔπλασεν ἐκ τῆς γῆς τὸ τῶν ἀνθρώπων γένος, ὑπονοητέον u. s. w. Cornutus hat bekanntlich alte Quellen benutzt und die vorliegende ὑπόνοια scheint sich eng mit der zenonischen zu berühren, die Censorin de d. n. c. 4, 10 kurz angedeutet. Doch habe ich von diesem Zeugnis im Texte deshalb keinen Gebrauch machen wollen, weil ja ein tendenziöses Entstellen des Thatsächlichen nicht ausgeschlossen ist. — Übrigens wurde auch die ἀνθρωπουργία des Prometheus allegorisiert: Hieronymus bemerkt zum J. 332 Abr. 'secundum quorundam opinionem his temporibus fuit Prometheus, a quo homines factos commemorant. et re vera: cum enim sapiens esset, feritatem eorum et nimiam imperitiam ad humanitatem et scientiam transfigurabat' (aus ihm Augustinus de civ. dei XVIII c. 8; auch Tzetzes zu Hes. Erg. v. 50 Bas. berichtet dasselbe, ob aus Eusebius?); ähnlich ein Scholion zu des Kosmas von Jerusalem Kommentar zu den Gedichten Gregors von Nazianz (vol. 38 p. 480 Migne): χρὴ εἰδέναι, ὡς Ἐπιμηθεὺς τὴν λύραν ἐφευρεῖν καὶ τἆλλα τῆς μουσικῆς λέγεται· ὅθεν καὶ πλάστης ὁ Προμηθεὺς ἀνθρώπων μυθολογεῖται διὰ τὸ τοὺς ἄγαν ἰδιώτας εἰς παιδείαν μεταβάλλειν τῇ προσούσῃ αὐτῷ σοφίᾳ.

## Nachträge.

Zu S. 387 ff. (Beschäftigung der Christen mit heidnischer Mythologie und Litteratur). Ein fortgesetztes Studium besonders der lateinischen Kirchenschriftsteller hat mir gezeigt, dafs das, was ich a. a. O. geboten habe, lange nicht das massenhafte Material erschöpft, welches hier — fast ungekannt und selten benutzt — aufgehäuft liegt, an der Hand dessen die Überlieferungsgeschichte so mancher Autoren bis zu dem Punkte, wo unsere Handschriften einsetzen, etappenweise verfolgt werden könnte: beispielsweise hatte man im 5. Jh. in Gallien[1]) noch sehr vieles von Varro, und sonst mancherlei, was wir nicht mehr besitzen, wenn auch das meiner Ansicht nach nicht geglaubt werden darf, was Claudianus Mamertus in einem Briefe an den nur aus Sidon. Apoll. V 10 bekannten gallischen Rhetor Sapaudus aus Vienne schreibt (ed. Engelbrecht im Corp. script. eccl. lat. Vindob. XI 203 ff.): dieser solle sich neben Plautus, Cato, Varro, Sallust, Cicero, Fronto auch Nävius und Gracchus zum Muster nehmen: das wird doch wohl aus irgend einem litterarhistorischen Index, wie sie in grofser Anzahl in Umlauf waren, genommen sein. — Ohne jedoch auf dies Thema hier näher einzugehen, füge ich nur einiges meinen p. 387 ff. gegebenen speciellen Andeutungen hinzu. Für die Beschäftigung mit heidnischer Mythologie giebt es eine interessante

---

1) Gallien wurde abgelöst durch Cassiodorius und die Benediktiner in Italien, durch Isidor v. Sevilla, endlich durch die grofsen Iren Theodorus, der 669 von Tarsus nach Irland kam, und Bedá, sowie diejenigen, die anderswo in ihrem Sinne wirkten.

Stelle bei Paulinus von Nola: in seinem 16. Briefe ermahnt er einen sich viel mit weltlicher Litteratur (Xenophon, Plato, Demosthenes; Cato, Varro, Cicero) befassenden Christen, Namens Jovius, er solle sich vielmehr dem Studium der h. Schrift zuwenden: 'esto Peripateticus deo, Pythagoreus mundo, verae in Christo sapientiae praedicator, et tandem tacitus vanitati perniciosam istam inanium dulcedinem litterarum quasi illos patriae oblitteratores de bacarum suavitate Lotophagos et Sirenarum carmina, blandimentorum nocentium cantus, evita. et quia licet quaedam plerumque [d. h. wohl aufser in der Predigt, vgl. oben p. 390] de inanibus fabulis, ut de vulgaribus aliqua proverbiis [vgl. ib. adn. 2; man denke an Hieronymus!], in usum veri ac serii sermonis assumere, dicam non litteras tantum sed et omnes rerum temporalium species nobis esse Lotophagos vel Sirenas.'[1]) Derselbe Paulinus schreibt einem anderen Freunde ep. 22 c. 3: 'denique meministi in Virgilio Furiam iis laudari quae solent obici [wohl Aen. VII 323 ff.]. vide autem ne mihi calumnieris quod aliquid de poeta non nostri iam studii [nämlich nach der Taufe], tamquam propositi violator, assumpserim: exempli tui auctoritate hoc me fecisse contestor, teneo enim epistolam tuam, cui clausula est 'vivite felices, quibus est fortuna peracta' [Verg. Aen. III 493][2]), sed et illam, in qua pro domestica sede larem familiarem, Plautini memor prologi [der Aulularia], nominasti.' Merkwürdig ist, was bereits oben [p. 390, 2] an einem Beispiel gezeigt wurde, dafs diese Art von gebildeten Christen, wenn sie heidnische Autoren citieren, deren Namen gern auslassen: vgl. noch Augustin conf. II 5, 11 'ne per otium, inquit [Sallust Cat. 9], torpesceret manus aut animus', IV 6, 11 'bene quidam dixit de amico suo: "dimidium animae meae"' [Hor. od. I 3, 8]; Hieronymus für Cicero: 'praeclarus orator' (ep. 46, 9).

---

1) Nicht ohne Absicht sagt er, dafs in diesen Dingen den Christen 'quaedam' erlaubt sei; denn grade der hier von ihm herangezogene Mythus von Odysseus und den Sirenen war gewissermafsen, wie es scheint, legalisiert worden: nicht nur wird er oft auf christlichen Sarkophagen gefunden, wie z. B. Kraus 'Roma sotterranea' (Freiburg 1873) p. 311 f. nachweist, sondern wie ebda. bemerkt wird, auch der h. Maximus von Turin deutet ihn (homil. I de cruce Domini) symbolisch so um: das Schiff des Odysseus sei die Kirche, der Mast das Kreuz Christi, an dem die Gläubigen sich festhalten, um den Verführungen der Sinne nicht zu unterliegen. Vgl. noch Hieronymus comm. in Jerem. l. III praef. (vol. 24 p. 786 Migne). — Für das Fortleben heidnischer Kunst in der christlichen ist übrigens unverhältnismäfsig viel mehr gethan als auf dem Gebiete der Litteratur; darüber soll viel zusammengestellt sein bei Raoul-Rochette 'mémoires sur les antiquités chrétiennes' (Paris 1839), einem Werke, welches ich mir nicht habe verschaffen können. Gern wurden z. B. Mythen aus dem Kreise des Herakles gewählt, wie ähnlich in der Litteratur (s. oben p. 387 f.).

2) Vergilius ist bekanntlich damals für Gebildete wie Ungebildete der heidnisch-römische, aber fast christliche Dichter κατ' ἐξοχήν, vgl. darüber z. B. Le Blant, l'épigraphie chrétienne en Gaule et dans l'Afrique Romaine, Paris 1890 p. 73 ff.

Wie man heidnische Götternamen vermied, zeigt die Art, wie eine fromme Christin in einem Brief an eine andere (= Hieron. ep. 46, 1) ein bekanntes Sprichwort umformt: 'ut est vulgare proverbium: sus artium repertricem.'

Zu S. 393, 1. Für die dominierende Stellung, die am Ende des 4. nachchristlichen Jahrhunderts der Kynismus einnahm, ist noch auf ein ganz besonders bezeichnendes Zeugnis hinzuweisen. Gleich nach seiner Bekehrung schrieb Paulinus v. Nola im J. 394/5 ein Gedicht adversus paganos (n. 36); er wendet sich in demselben nach einer Abweisung des jüdischen Glaubens (v. 10—31), von v. 32—51 gegen die Philosophen, von denen er drei Klassen aufzählt: 1) Kyniker v. 34, 2) Neuplatoniker v. 35—39, 3) „Physici"; unter den letzteren sind nun aber nicht, wie jeder zuerst annehmen mufs, die Naturphilosophen verstanden, sondern diejenigen, die in dem naturgemäfsen Leben die Glückseligkeit sahen, und zwar nicht die Stoiker, sondern wiederum die an erster Stelle genannten Kyniker, denn er erzählt, um sie zu charakterisieren, die Anekdote vom Holzbecher des Diogenes und fügt am Schlufs v. 49 f. hinzu: 'hi neque vina bibunt nec victu panis aluntur | nec lecto recubant nec frigora vestibus arcent', 4 Characteristica, die in ihrer Gesamtheit nur von den Kynikern verstanden werden können (das zweite geht wohl auf die angeblich durch die That bewährte Äufserung des Diogenes, die Natur fordere den Genufs unzubereiteter Speisen).

Zu S. 394, 2. Um das in dem Kratesbriefe von Odysseus gesagte ἡττώμενος ἀεὶ ὕπνου zu verstehen, vergleiche man den 4. Brief des M. Aurel an Fronto (p. 9 f. Naber), wo der Cäsar aus der Odyssee viele hierauf bezüglichen Stellen gesammelt hat.

Zu S. 398 ff. Die Ähnlichkeit der späteren Kyniker mit gewissen Kreisen der christlichen Gesellschaft ist wohl zuerst hervorgehoben worden von Erasmus, der in einem seiner 'colloquia', betitelt 'Epicureus' (ed. Bas. 1524 p. 728 ff. = ed. stereot. 1867 p. 231 ff.) zwei Personen auftreten läfst, Hedonius und Spudaeus; nachdem ersterer die Heiligkeit im Lebenswandel der Christen mit der 'sanctitas' Epikurs verglichen hat, erwidert letzterer, ein Vertreter der Kyniker und Stoiker: 'Cynicis propiores (sc. Christiani sunt): nam isti se macerant ieiuniis, deplorant sua commissa et aut sunt tenues aut benignitas in egenos conciliat illis inopiam, opprimuntur a potentioribus, deridentur a plerisque.'

Zu S. 400. Für eine Gegenüberstellung von Kynikern und Christen vor der Systematisierung dieses Angriffes durch Julian wäre vielleicht noch zu verweisen auf Cyprian 'de bono patientiae' c. 2 'si philosophos nec humiles videmus esse nec mites sed sibi multum placentes et hoc ipso quod sibi placent deo displicentes, apparet illic non esse patientiam, ubi sit insolens affectatae libertatis audacia (ἰταμότης) et exerti ac seminudi pectoris inverecunda iactantia'.

Zu S. 404 ff. Auf die Philosophen bezieht die Polemik des Aristides auch Friedlaender S.-G. III (1871) 564.

Zu S. 437, 1. Unter den Gegenschriften gegen die Leugner der Vorsehung hätten vor allen die (mir erst später bekannt gewordenen) hochbedeutenden Streitschriften des Alexander von Lykopolis und Titus von Bostra gegen die Manichäer erwähnt werden sollen (bei Migne vol. 18, 409 ff. und 1069 ff.), deren Wichtigkeit für Geschichte der (stoischen) Philosophie hier näher zu begründen mir um so mehr fern liegt, als dies hoffentlich bald von befreundeter Seite geschehen wird.

Zu S. 441 ff. Auf einen Zusammenhang der epikureischen Ansicht vom Weltuntergang mit der stoischen scheint auch eine Stelle des Minucius Felix c. 34, 2 hinzuweisen (vgl. Usener 'Epicurea' p. 380): 'caelum quoque cum omnibus quae caelo continentur, ⟨si⟩ ita ut coepisset desinere⟨t⟩ fontium dulcis aqua maria nutrire [so ist wohl zu schreiben], in vim ignis abiturum, Stoicis constans opinio est, quod consumpto umore mundus hic omnis ignescat. et Epicureis de elementorum conflagratione et mundi ruina eadem ipsa sententia est.' Freilich kann das eine mehr subjektive Ansicht des Minucius sein, die er gewonnen hat durch Kombination von Cic. de nat. deor. II 118 mit Lucret. V 394 ff.

---

## Sachregister.

**Anfänge des Menschengeschlechts** 412 ff. 422 ff. Ansicht der Sophisten 414, 3 der Peripatetiker ib., Epikurs 413 f., des Posidonius 425 f., Varros ib.
**Antisthenes** περὶ τῶν coφιcτῶν φυcιογνωμονικόc 368 ff.
— περὶ καταcκόπου 382 ff.
— περὶ ἡδονῆc 383, 2
— περὶ τῆc ῥάβδου 385, 1
— κύριοc ἢ ἐρώμενοc 373 ff.
— κύριοc ἢ κατάcκοποι 373 ff.
— von Plato erwähnt 380 f.
**Barbaren** bei den Philosophen erwähnt 398, 1
**Bioneisches** cχῆμα 436, 2
**Christen** Verächter der Rhetorik 406, 1
— ihre völkerrechtliche Stellung 408 f.
— bekämpft von Julian 399 ff.
**Doppeltitel** 368, 1; 374, 2
**Epicharm** νόοc ὁρῇ etc. 433, 1
**Erdbeben-Theorien** 449 f.
**Eros**, sokratischer 376 f.
— φαῦλοc macht den ἐραcτήc zum δοῦλοc 377

Göttlichkeit des kynischen und stoischen Philosophen 380, 1
Goldnes Zeitalter; Ansicht der älteren Stoa 414, 3; des Posidonius 425 f.;
Varros ib.
Heraklit bei christlichen Schriftstellern 386, 2 περί τοῦ μὴ τοὺς αὐτοὺς
διαμένειν ἡμᾶς ἀεί τῆς οὐσίας ῥεούσης ib.
Hesiods Erga in λόγοι προτρεπτικοί verwertet 383, 3
Korruptel, eine eigentümliche in lateinischen Handschriften 429, 1
Künste, Ansichten über ihren Nutzen oder Schaden; Kyniker: 416 f.; Stoa
421, 1; Epikur 416; 418 f.
Kyniker, ihre ἁπλότης 403, 1; ihre ταπεινότης 407, 1; κατάσκοποι 377 ff.;
Paradoxon, ὅτι μόνος ὁ σοφὸς κύριος 374 f.; Verächter der Rhetorik
406, 1; ihr Urteil über die Ärzte 396 ff.; in der Zeit nach Chr. 393, 1;
letzte Zeugnisse für das Fortbestehen des Kynismus ib. cf. Nachtr.
Λοιμός — λιμός 452
Lukian Δίκη φωνηέντων, Anspielung darauf bei Tatian 406, 1
Midas bei den Kynikern 382, 1
Mythologie, heidnische bei Christen und Juden 387 ff. cf. Nachtr.
Panaetius bei Philo 447, 1
Physiognomik, ihr Zusammenhang mit den Sophisten 370 f.; mit Sokrates
371 f.
Plutarch, Kommentar zu Hesiods Erga benutzt von Proklus und Tzetzes 411
Prometheus bei den Fabeldichtern 437 f.; Menschenbildner 453 ff.; Prometheusmythus allegorisch gedeutet 428; 456, 3
Theophrast, Streit mit Zeno 439 ff.
Tiere, διαλέγεσθαι ζῴοις 398, 1
Vorsehung, sokratische und stoische Lehre 434, 2 Polemik der Stoiker
gegen Epikur und Karneades 436 f.
Weltentstehung und Weltuntergang, Ansichten der Peripatetiker, Stoiker,
Epikurs 441 ff.

# Verzeichnis
## der wichtigsten behandelten Stellen.

Anonymus in 'Theophrasti opera' ed. Schneider vol. I p. XXIV ff.: 423 f.
Arat Phaenomena 110 ff.: 426
Aristides or. 46 p. 397 ff. Dindorf: 405 ff.
Athenaeus XIV 656 F: 368 f.
Augustinus contra Academicos III 19: 393
Basilius de legendis libris gentilium c. 5: 383, 3; ep. 135: 370
Cassianus Conlationes XIV c. 12 (vol. II p. 414 Petschenig): 389, 3
Cicero pro Sestio 42, 91 de invent. I 2, 2 de orat. I 9, 36: 427; Hortensius
fr. 43 Baiter: 420, 1
Claudianus Mamertus de statu animae II 9 p. 133 Engelbrecht: 393, 1
Dio Chrysostomus or. 6 p. 207 Reiske: 416 f.; or. 33 p. 6: 383, 2; or. 55
p. 286 ff.: 384
Diodor I c. 7 f.: 413 ff.
Ennius Epicharmus fr. II. III Vahlen: 456
Epiktet diss. I 24: 377 f.; III 26: 379; III 24, 12 ff.: 394
Epikur epistola ad Herodotum bei Laert. D. X 73: 443; fr. 305 Usener:
442 ff.
Epistolae Cratetis 19: 394 f.; Diogenis 28: 395 ff.; Heracliti 4: 386 ff.; 9:
386, 3; Hippocratis 17 § 48: 378, 1
Eunomius apologeticus c. 17: 399, 2

Germanicus Aratea 115 ff.: 427
Gregor von Nazianz carm. hist. 11, 936 ff.: 380, 1; carm. mor. 14, 27 ff.: 386, 2; in Heronem philosophum 403.
Heraklit fr. 41 Bywater: 386, 2; fr. 84: 452, 3
Herophilus der Stoiker bei Origenes prolegomena in psalmos in 'Analecta Sacra' ed. Pitra II 437: 380, 1
Horatius sat. II 3, 19: 378, 1; epist. I 1, 107: 327, 3; II 1, 194 ff.: 378, 1
Johannes Chrysostomus adversus oppugnatores vitae monasticae II c. 4: 389, 1
Julian or. 6, 182 CD: 444, 1
Kritolaus bei Philo de aeternitate mundi c. 11 f.: 422 f.
Lactantius divinae institutiones VI 20, 6: 420, 1
Lucilius fr. 538, 579 f., 613, 859 Lachmann: 434, 2
Lucretius V 235 ff.: 441 ff.; 783 ff.: 413 ff.; 811 ff.: 423
Lukian Demonax 7 ff.: 410
Origenes contra Celsum IV 75 f.: 419, 2
Phaedrus fab. IV 15 f.: 438
Philo de aeternitate mundi c. 20 f.: 447, 1; c. 22: 449 f.; c. 23 ff.: 439 ff.
  de libertate sapientis § 11: 410. quaestiones in Genesin IV 76: 375, 3
Plato Sophist 216 ABC: 332 f.; Phileb. 15 DE: 398, 1; Phaed. 77 E 78 A: ib.
Plutarch Gryllus c. 9: 419, 1
Polybius VI 5, 4 ff.: 451 f.
Seneca epist. 88: 418, 1; 90: 420 f.
Tatian ad Graecos c. 26 p. 28, 15 ff. Schwartz: 406, 1
Tzetzes commentarius in Hesiodi Opera p. 388 ff. ed. Basil.: 411 ff.
Varro saturae Menippeae fr. 4 Buecheler: 454, 1; 105: 378, 1; 117: ib.
  207: 372, 2; 222—229: 452; 428—436: 428 ff.; 440—449: 397; 488: 452, 3. libri disciplinarum (?) bei Cassiodorius vol. 70 p. 1151 Migne: 427 f.
Vergilius Aeneis VII 203 VIII 319 ff.: 425 ff.

## Inhaltsverzeichnis.

                Seite
I. Über einige Schriften des Antisthenes . . . . . . . . . . . 368
II. Zu den Briefen des Heraklit und der Kyniker . . . . . . . . 386
III. Philosophische Ansichten über die Entstehung des Menschengeschlechts, seine kulturelle Entwicklung und das goldne Zeitalter . . . . . . . . . . . . . . . . . . . . . . . 411
IV. Die varronische Satura Prometheus, ein Kapitel aus der Lehre von der πρόνοια . . . . . . . . . . . . . . . . . . . . . 428
V. Über den Streit des Theophrast und Zeno bei Philo περὶ ἀφθαρσίας κόσμου . . . . . . . . . . . . . . . . . . . . . 439
Anhang: Prometheus als Menschenbildner . . . . . . . . . . . . 454
Nachträge . . . . . . . . . . . . . . . . . . . . . . . . . . 457
Sachregister . . . . . . . . . . . . . . . . . . . . . . . . 460
Verzeichnis der wichtigsten behandelten Stellen . . . . . . . . 461